Der Kinderduden

Texte: Sabine Rahn

Wörterlisten und „bunte Seiten": Ulrike Holzwarth-Raether und Dorothée Pfirrmann

Illustrationen: Stefanie Scharnberg und Barbara Scholz

Die Deutsche Bibliothek – CIP-Einheitsaufnahme
Ein Titeldatensatz für diese Publikation ist bei
der Deutschen Bibliothek erhältlich.

Das Wort Duden ist für den Verlag
Bibliographisches Institut & F.A. Brockhaus AG
als Marke geschützt.

Das Werk wurde in neuer Rechtschreibung verfasst.

Alle Rechte vorbehalten.
Nachdruck, auch auszugsweise, verboten.
© Bibliographisches Institut & F.A. Brockhaus AG,
Mannheim 2002   DCB

Lektorat: Katja Schüler
Herstellung: Claudia Rönsch
Layout und Satz: Michelle Vollmer, Mainz
Umschlaggestaltung: Mischa Acker
Druck und Bindung: Druckerei Parzeller, Fulda
Printed in Germany
ISBN 3-411-04495-0

Der Kinderduden

Das Sachwörterbuch für die Grundschule

von Ulrike Holzwarth-Raether, Dorothée Pfirrmann, Sabine Rahn, Stefanie Scharnberg und Barbara Scholz

5., völlig neu bearbeitete Auflage

Dudenverlag
Mannheim · Leipzig · Wien · Zürich

Der Kinderduden – ein Sachwörterbuch

In einem Wörterbuch sind die Wörter nach dem Alphabet geordnet: „Bankräuber" findet man unter B und „Katze" unter K. Im Kinderduden sind die Wörter anders zusammengestellt. Sie wurden nach Themen sortiert, denn der Kinderduden ist ein Sachwörterbuch. Die „Katze" steht in der Wörterliste zum Thema „Heimtiere" und den „Bankräuber" findest du bei „Geld und Bank".

Manche Wörter kommen sogar in mehreren Listen vor. Andere Wörter wirst du dafür vielleicht vermissen. Da es sehr viel mehr Wörter gibt, als in einem Kinderduden Platz haben, können solche Listen leider nie wirklich vollständig sein. Vielleicht hättest du an unserer Stelle eine andere Auswahl getroffen.

Aber du wirst die Erfahrung machen, dass 100 Wörter manchmal durchaus genügen, um eine besondere Stimmung heraufzubeschwören. Wenn du die Wörtersammlung zum Thema „In Kälte, Eis und Schnee" durchgehst, wird dir richtig kalt werden, während du beim Lesen der Wüsten-Wörterliste regelrecht ins Schwitzen kommst.

Jeder Themenblock hat eine besondere Farbe. Die Farben sind eine praktische Orientierungshilfe. Außerdem zeigen sie dir, welche Themen zusammengehören.

Viele der 36 behandelten Themen kennst du sicherlich aus dem Sachunterricht. Wenn du zu einem bestimmten Thema

selbst etwas **schreiben** willst, kannst du dir Ideen aus den Wörterlisten holen. Dort findest du alle wichtigen Wörter auf einen Blick. Mit ihnen kannst du gezielt arbeiten und dich sehr genau ausdrücken.

Damit du auch schnell mal ein Wort **nachschlagen** kannst, von dem du nicht sicher bist, wie man es schreibt, sind alle 3500 Wörter am Schluss noch einmal zusammengefasst und alphabetisch geordnet.

Zu jeder Wörtersammlung gehört eine kurze Sachgeschichte. Sie enthält viele interessante Informationen, über die du mit anderen **sprechen** und diskutieren kannst. Auf der dazugehörigen „bunten Seite" stehen weitere Infos, Rätsel und Anregungen zum Weiterdenken. Die Antworten auf die Fragen kannst du am Ende des Buches nachlesen.

SCHON MAL DRÜBER NACHGEDACHT?

Die Bilder spielen eine große Rolle im Kinderduden, denn auch aus ihnen lassen sich viele Infos heraus**lesen.** Wenn du genau hinsiehst, merkst du, dass hinter den Bildern oft witzige Geschichten stecken. Manche Figuren oder Bildteile tauchen sogar mehrere Male im Buch auf. Du wirst sie bestimmt entdecken.

Viel Spaß auf der Entdeckungsreise durch die Kinderduden-Themenwelt!

Inhaltsverzeichnis

Hier und anderswo

Familie und Verwandtschaft 8
Wo wir wohnen 12
Heimtiere 16
In der Schule 20
Beruf und Arbeit 24
In der Freizeit 28
Sport und Spiel 32

Unser Körper

Körper und Gesundheit 36
Essen und Trinken 40
Liebe, Schwangerschaft und Geburt 44

Geld, Computer und Geschäfte

Kaufen und Verkaufen 48
Geld und Bank 52
Verbindung aufnehmen 56
Computer und Internet 60

Zeit und Raum

Das Leben in früheren Zeiten 64
Ritter und Burgen 68
Stadt und Gemeinde 72
Unser Planet 76

Lebens- und Erlebnisräume

Im Garten 80
Auf dem Bauernhof 84
Im Wald 88
An Bach, Teich und Fluss 92
Im Meer und an der Küste 96
In den Bergen 100
In Kälte, Eis und Schnee 104
In Wüste und Steppe 108

Natur, Technik und Umwelt

Feuer und Licht 112
Das Wasser 116
Luft und Wind 120
Das Wetter 124
Umwelt und Naturkatastrophen 128
Erfindungen 132

Verkehr

Auf der Straße 136
Auf der Schiene 140
Luft- und Raumfahrt 144
Schiffe und Seefahrt 148

Wörterliste

Wörterliste 152
Antworten zu Fragen auf den bunten Seiten 190

Familie und Verwandtschaft

Manchmal sehen sich Kinder und Eltern gar nicht ähnlich.

die Kleinfamilie

Es gibt Tierpaare, die ein Leben lang zusammenbleiben, z. B. Schwäne.

die Großfamilie

Naturforscher haben überraschende Verwandtschaftsverhältnisse bei Tieren entdeckt. Der Fuchs etwa gehört zur Familie der Hunde, obwohl sich die beiden überhaupt nicht vertragen.

Wir leben zusammen

Seine Familie kann man sich nicht aussuchen. Die eine Tante mag man mehr, die andere weniger. Auch Geschwister können manchmal nerven und oft kommt es dann zum Streit. Aber normalerweise versöhnt man sich auch ziemlich schnell wieder. Manche Kinder leben mit Eltern und Großeltern – manchmal sogar mit Tanten, Onkels, Nichten und Neffen – als Großfamilie unter einem Dach. Doch die meisten Familien sind kleiner. Viele Kinder wachsen als Einzelkind ohne Geschwister auf. Andere Kinder leben nur mit ihrer Mutter oder ihrem Vater zusammen, zum Beispiel wenn sich die Eltern getrennt haben. Wenn allein erziehende Mütter oder Väter dann mit einem neuen Partner zusammenziehen, wird die Familie wieder größer.
Zum Glück haben Stiefmütter und Stiefväter nur im Märchen so einen schlechten Ruf. Oft bringen sie noch eigene Kinder mit, sodass eine große, neue Familie entsteht.

Familie und Verwandtschaft

	adoptieren
das	Adoptivkind
	ähnlich
die	Ähnlichkeit
	allein erziehend
	alt
das	Baby
	beerdigen
die	Beerdigung
die	Braut
der	Bräutigam
das	Brautpaar
der	Bruder
der	Cousin
die	Cousine
die	Ehe
die	Ehefrau
der	Ehemann
	einander helfen

die Erbschaft

das	Einzelkind
die	Eltern
der	Enkel
die	Enkelin
	erben
die	Erbschaft
die	Erinnerung

	erwachsen
der	Erwachsene
	erziehen
die	Erziehung
die	Familie

das Heimweh

das	Familienfest
der	Familienname
	feiern
die	Geburt
der	Geburtstag
die	Geburtsurkunde
die	Generation
	geschieden
die	Geschwister
die	Großeltern
die	Großfamilie
die	Großmutter
der	Großvater
der	Halbbruder
die	Halbschwester
das	Heimweh
	heiraten
die	Hochzeit
	jung
das	Kind
das	Kindergeld
	kinderlos

kinderreich

    kinderreich
die Kindheit
die Kleinfamilie
sich kümmern
    ledig
sich lieben
die Mutter
der Neffe
die Nichte
die Oma
der Onkel
der Opa
sich scheiden lassen
die Scheidung
der Schwager
die Schwägerin
die Schwester
die Schwiegermutter
der Schwiegervater
der Single
der Sohn
sich sorgen
das Sorgerecht
    sterben
die Stiefmutter
der Stiefvater
der Streit
    streiten
die Tante

    teilen
das Testament
die Tochter
der Tod
die Trauer
sich trennen
    Unterhalt zahlen
die Urgroßmutter
der Urgroßvater
der Vater
    vererben
    verheiratet

sich vertrauen

    verlobt
die Verlobung
sich versöhnen
sich vertragen
sich vertrauen
    verwaist
    verwandt
die Verwandtschaft
der Vorfahre
der Waise
die Waise
die Witwe
der Witwer
das Zuhause

sich lieben

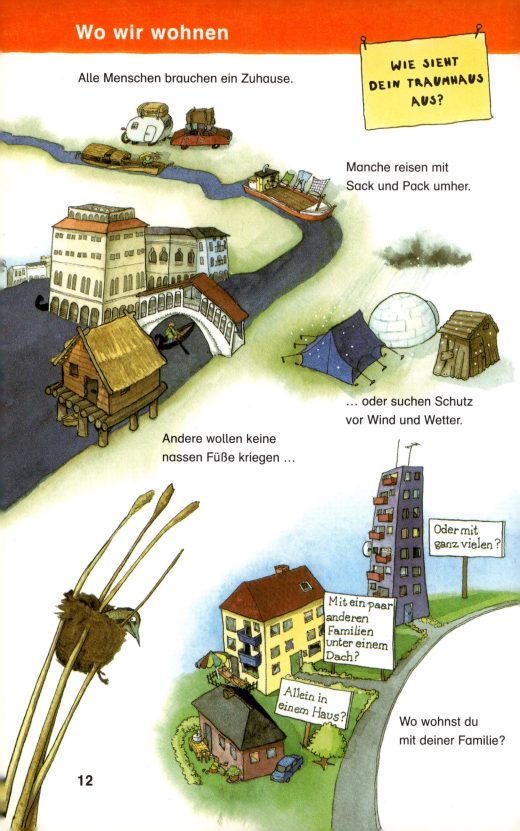

Ein Dach über dem Kopf

Sein Traumhaus stellt sich jeder anders vor: Der eine möchte in einem riesigen Wolkenkratzer wohnen, der andere in einer schicken Villa am Stadtrand. Und wieder andere würden am liebsten ein geräumiges Baumhaus nur für sich alleine haben. Die erste eigene Wohnung ist meistens ziemlich klein. Wenn Paare eine Familie gründen und Kinder bekommen, wünschen sie sich oft mehr Platz, zum Beispiel in einem Haus mit Garten. Alte Menschen ziehen manchmal aus ihren großen Wohnungen in Seniorenheime. Dort müssen sie nicht unbedingt selbst einkaufen, kochen und putzen. Und wenn sie krank sind, werden sie gepflegt. Es gibt auch Menschen, die gar keine Wohnung haben. Wohnsitzlose schlafen manchmal auf Parkbänken oder in Hauseingängen. Im Winter, wenn es zu kalt ist, um im Freien zu schlafen, können sie in Wohnheimen übernachten. Die gibt es heute in allen größeren Städten.

Wo wir wohnen

der Abstellraum
der Altbau
das Apartment
der Architekt
die Architektin
aufräumen

einziehen
ausziehen

ausziehen
das Badezimmer
der Balkon
das Baumhaus
beengt
das Bett
der Campingplatz
das Dach
die Eigentumswohnung
das Einfamilienhaus
sich einrichten
die Einrichtung
einziehen
das Erdgeschoss
das Esszimmer
das Fachwerkhaus
der Fahrstuhl
das Fenster
das Ferienhaus
der Flur (die Diele)

der Fußboden
die Garage
die Garderobe
die Gardine
der Garten
das Gästezimmer
das Gefängnis
gemütlich
geräumig
der Giebel
der Hausmeister
die Hausnummer
die Hausordnung
die Heizung
der Hobbyraum
das Hochhaus
die Höhle
das Hotel
die Hütte
das Iglu
die Jugendherberge
der Kamin
der Keller
das Kinderzimmer
die Küche
die Lampe
das Mehrfamilienhaus
die Miete
mieten
der Mietvertrag
die Mietwohnung

das Fachwerkhaus

die	Möbel
	möbliert
der	Nachbar
die	Nachbarin
die	Nachbarschaft
der	Neubau
das	Neubaugebiet
die	Parkbank
der	Pfahlbau
	praktisch
das	Regal
das	Reihenhaus
	renovieren
das	Schlafzimmer
der	Schrank

das Seniorenheim

das	Seniorenheim
der	Sessel
die	Siedlung
das	Sofa
der	Speicher
das	Stockwerk
der	Stuhl
die	Terrasse
der	Tisch
die	Toilette (das Klo)
das	Treppenhaus

die Wohngemeinschaft

die	Tür
	umziehen
der	Umzug
die	Unterkunft
	vermieten
die	Villa
der	Waschkeller
die	Wohnanlage
der	Wohncontainer
	wohnen
das	Wohngebiet
die	Wohngemeinschaft
das	Wohnheim
	wohnlich
das	Wohnmobil
der	Wohnort
	wohnsitzlos
die	Wohnung
die	Wohnungssuche
der	Wohnwagen
das	Wohnzimmer
der	Wolkenkratzer
das	Zelt
	zelten
das	Zimmer

gemütlich

Heimtiere

Unerwünschte Tiere daheim:

die Spinne
die Mücke
die Kleidermotte
die Fliege
die Kakerlake
das Silberfischchen
die Ameise

Schon mal drüber nachgedacht...

... was diese tierischen Wörter bedeuten?

hundsgemein   aalglatt   hundeelend
spinnefeind   hamstern   rabenschwarz   Unglücksrabe
saublöd   affengeil   vogelfrei   Affentheater

Früher gab es auf den Jahrmärkten einen Flohzirkus.

die Lebensmittelmotte
die Maus
der Floh

Kümmern erlaubt

Viele Menschen halten in ihrer Wohnung ein Tier. Katzen und Hunde zählen mit Abstand zu den beliebtesten Haustieren. Allerdings sind sie nicht überall erlaubt und manche Nachbarn stört das Gebell. Wenn Kanarienvögel oder Wellensittiche zwitschern, kann das auch ganz schön laut werden. Mäuse, Hamster, Meerschweinchen oder Zwergkaninchen darf man in fast jeder Wohnung halten. Und Fische gehören zu den ruhigsten Heimtieren. Manchmal gelingt es sogar, Nachwuchs zu züchten. Aber streicheln kann man Fische leider nicht.
Weil Haustiere nicht selbst für sich sorgen können, muss man sich täglich um sie kümmern. Sie brauchen regelmäßig Futter und einen sauberen Käfig oder Stall. Große Hunde rennen und spielen gerne. Sie brauchen viel Auslauf. Hamster dagegen mögen es tagsüber eher ruhig: Am liebsten schlafen sie bis zum Abend und werden erst nachts richtig wach.

Heimtiere

abrichten
anleinen
apportieren
das Aquarium
artgerecht
aufziehen
der Auslauf
ausmisten
aussetzen
beißen
bellen
bürsten

dressieren

dressieren
ernähren
erziehen
fauchen
das Fell
der Fisch
fliegen
der Flügel
fressen
der Fressnapf
das Futter
füttern
das Gefieder
das Halsband

der Hamster
das Haustier
das Heimtier
herumstreunen
das Heu
die Höhle

Junge werfen

der Hund
die Hundehütte
der Hundekuchen
die Hunderasse
die Hundeschule
die Hündin
impfen
der Jagdtrieb
jaulen
das Junge
Junge werfen
der Käfig
der Kanarienvogel
kastrieren
der Kater
die Katze
kläffen
knurren
der Korb
kratzen
die Kreuzung
läufig

das Lebewesen
lecken
das Männchen
der Maulkorb
mausern
das Meerschweinchen

der Mischling

der Mischling
nagen
paaren
der Papagei
pflegen
die Pfote
picken
piepsen
sich putzen
die Ratte
die Rennmaus
das Revier
der Rüde
das Rudeltier
saugen
das Säugetier
scharren
scheu
das Schlafhäuschen
der Schnabel
die Schnauze

schnüffeln
schnurren
der Schwanz
spielen
der Stall
sterilisieren
streicheln
die Streu
der Tierarzt
das Tierheim
die Tierquälerei
die Tollwut
versorgen
verspielt
wedeln
das Weibchen
der Wellensittich
der Welpe
winseln
zahm

zahm

die Zitze
die Zoohandlung
die Zucht
züchten
zutraulich
das Zwergkaninchen
der Zwinger

läufig sein

Lernen kann Spaß machen

Es stimmt, dass man immer und überall etwas lernen kann. Aber in der Schule gibt es Lehrer, die sich ausschließlich dafür Zeit nehmen, ihren Schülern möglichst viele interessante Dinge beizubringen – und das jeden Tag, außer am Wochenende. Besonders gut an der Schule ist natürlich, dass man hier jeden Tag andere Kinder trifft, mit denen man in den Pausen spielen kann – und zwar ganz ohne sich vorher verabreden zu müssen! Denn in die Schule muss schließlich jeder.
Es macht Spaß, gemeinsam mit anderen zu lernen, z. B. bei der Gruppenarbeit, Partnerarbeit oder in einer AG. Schade ist nur, dass man für die Schule immer wieder Hausaufgaben machen muss – auch wenn das Wetter noch so schön ist und man viel lieber rausgehen möchte. Wäre es nicht eine prima Idee, wenn jemand mal eine Hausaufgabenmaschine erfinden würde?

In der Schule

abgucken

abgucken
die AG
der Anspitzer
das Arbeitsblatt
der Ausflug
basteln
der Computer
der Elternabend
erklären
ermahnen
die Ferien
flüstern
der Förderkurs
die Forscherecke
fragen
die Freiarbeit
der Freund
die Freundin
der Füller
gerecht
die Gesamtschule
die Grundschule
die Gruppenarbeit
das Gymnasium
hänseln
die Hauptschule
die Hausaufgaben
der Hausmeister

erklären

das Heft
hitzefrei
die Integrationsklasse
die Klasse
die Klassenarbeit
der Klassendienst
die Klassenfahrt
der Klassenrat
der Klassensprecher
die Klassensprecherin
das Klassenzimmer
der Klebstoff
die Kopie
die Kreide
lachen
sich langweilen

sich langweilen

der Lehrer
die Lehrerin
das Lehrerzimmer
lernen
der Lerngang
die Leseecke
lesen
malen
das Mäppchen
sich melden

der	Morgenkreis
die	Note
der	Overheadprojektor
die	Partnerarbeit
die	Pause
das	Pausenbrot
	petzen
das	Projekt

schwätzen

das	Pult
	pünktlich
die	Realschule
	rechnen
	Regeln vereinbaren
der	Rektor
die	Rektorin
die	Schere
	schreiben
	schüchtern
die	Schulangst
das	Schulbuch
der	Schulbus
die	Schule
der	Schüler
die	Schülerbücherei
die	Schülerin
das	Schulfest

	schulfrei
der	Schulhof
die	Schulklingel
die	Schultasche
die	Schultüte
	schummeln
	schwätzen
	schwindeln
	singen
	spannend
zu	spät kommen
die	Spielecke
	spielen
der	Sportplatz
der	Stift
die	Stillarbeit
die	Strafarbeit
	streiten
	streng
der	Stundenplan
die	Tafel
der	Test
	turnen
die	Turnhalle
	ungerecht
der	Unterricht
das	Zeugnis
	zuhören

zu spät kommen

Beruf und Arbeit

Fast alle Berufe können heute von Frauen und von Männern ausgeübt werden.

Für manche Berufe braucht man besondere Arbeitskleidung. Sie soll praktisch sein und vor Schmutz oder Gefahren schützen.

der Imker
die Lkw-Fahrerin
der Müllmann
der Koch

Manche Berufe kann man sich ohne die dazugehörige Kleidung gar nicht vorstellen.

Hausarbeit früher und heute

GAB ES DIE BERUFE DEINER ELTERN SCHON VOR 100 JAHREN?

Vom Traumberuf

Astronautin, Pilot, Tierärztin und Profi-Fußballer sind für viele Kinder Traumberufe. Die meisten arbeiten später aber eher als Sekretärinnen, Verkäufer, Beamtinnen, Angestellte, Arbeiter oder als Hausfrauen.
Am besten ist es natürlich, wenn der Beruf, den man ausübt, auch Spaß macht. Genauso wichtig wie der Spaß an der Arbeit ist aber das Geldverdienen. Denn wer arbeitet, bekommt jeden Monat Lohn oder Gehalt auf sein Konto überwiesen. Wenn jemand arbeitslos wird, ist das nicht immer einfach – nicht nur, weil die Familie dann vom Arbeitslosengeld oder von der Sozialhilfe leben muss. Wer lange arbeitslos ist, bekommt oft auch das Gefühl, nicht mehr gebraucht zu werden.
Die meisten Menschen arbeiten tagsüber. Es gibt aber auch viele Berufe, in denen nachts gearbeitet wird: zum Beispiel Bäcker, Krankenpfleger, Arzt, Polizist und Tankwart.

Beruf und Arbeit

Hinweis: Um Platz zu sparen, sind die Berufe entweder nur in der weiblichen oder nur in der männlichen Form angegeben. Kannst du die jeweils andere Form bilden?

sich bewerben

      anfertigen
die Angestellte
die Arbeit
      arbeiten
der Arbeiter
der Arbeitgeber
der Arbeitnehmer
das Arbeitsamt
die Arbeitskleidung
      arbeitslos
das Arbeitslosengeld
die Arbeitslosigkeit
der Arbeitsplatz
die Arbeitszeit
der Arzt
die Arzthelferin
      ausbilden
die Ausbildung
der Auszubildende
der Bäcker
der Bauarbeiter
die Beamtin
      beraten
der Beruf

der Betrieb
sich bewerben
der Briefzusteller
das Büro
die Büroarbeit
die Chefin
der Direktor
der Elektriker
die Elternzeit
die Erzieherin
die Fabrik
der Feierabend
die Firma
das Fließband
die Freizeit
der Frisör
das Gehalt
das Geschäft
der Geselle

die Handarbeit

die Gewerkschaft
die Handarbeit
der Handel
      handeln

der Streik

der Händler	pflegen
der Handwerker	der Politiker
die Hausfrau	der Polizist
herstellen	die Praxis
die Industrie	produzieren
die Informatikerin	die Rechtsanwältin
der Installateur	die Rente
der Job	der Rentner
die Journalistin	reparieren
die Kantine	der Richter
der Kollege	die Schneiderin
der Krankenpfleger	der Schreiner
die Krankenschwester	schuften
	der Schulabschluss
	die Sekretärin
	die Sozialhilfe
	die Steuer
	der Streik

kündigen	der Stundenlohn
der Lehrer	der Tankwart
lernen	der Techniker
der Lohn	der Traumberuf
malen	die Überstunde
der Maler	der Urlaub
die Managerin	verkaufen
der Maurer	die Verkäuferin
die Mechanikerin	der Vertrag
der Meister	verwalten
der Metzger	die Werkstatt
der Müllmann	das Werkzeug
der Mutterschutz	der Zimmermann

das Fließband

In der Freizeit

Früher hatten die Kinder reicher Familien kunstvolles Spielzeug. Besonders beliebt waren Puppen mit Porzellanköpfen, Puppenhäuser, Bleisoldaten und das Schaukelpferd.

WARUM HABEN KINDER FRÜHER VIEL ÖFTER DRAUSSEN GESPIELT?

In ärmeren Familien wurde das Spielzeug für die Kinder aus einfachen Materialien selbst hergestellt.

Manche Freizeitbeschäftigungen sind von der Jahreszeit abhängig.

Langeweile oder Freizeitstress

Für Eltern, die unter der Woche früh morgens zur Arbeit gehen müssen, gibt es am Wochenende oft nichts Schöneres, als auszuschlafen und zu faulenzen. Die meisten Kinder finden das ziemlich langweilig. Sie wollen in ihrer Freizeit lieber etwas unternehmen, zum Beispiel skaten, Fahrrad fahren, bei einem Freund oder einer Freundin übernachten oder basteln. Wenn man sich mit Freunden und Freundinnen trifft, fällt einem immer etwas ein, das Spaß macht.
Manche Spiele kann man alleine gar nicht spielen, zum Beispiel Fußball, Verstecken oder Fangen. Aber auch lesen, fernsehen oder am Computer spielen vertreibt die Langeweile.
Viele Freizeitbeschäftigungen müssen schon Tage oder Wochen im Voraus geplant werden, zum Beispiel der Ballett- und Judounterricht oder die Klavierstunden. Manche Kinder sind auch Mitglied in einer Jugendgruppe. Jeder, wie er mag!

In der Freizeit

 faulenzen

der Ausflug
sich ausruhen
ausschlafen
der Ball
Ball spielen
basteln
bauen
der Baukasten
der Besuch
besuchen
das Brettspiel
Briefe schreiben
die Bücherei
bummeln
die Clique
am Computer spielen
Drachen steigen lassen
einkaufen gehen
einsam
Eis essen
die Eisdiele
die Eishalle
entspannen
sich erholen
erzählen
Fahrrad fahren
Fangen spielen
faulenzen
feiern

die Ferien
fernsehen
die Freizeit
die Freizeitbeschäftigung
der Freizeitpark
bei der Freundin übernachten
beim Freund übernachten
Fußball spielen
das Geduldsspiel
das Gesellschaftsspiel
grillen
die Hängematte
das Hobby
den Hund ausführen
im Internet surfen
Inliner fahren
joggen
die Jugendfreizeit
die Jugendgruppe
Karten spielen
kichern
kicken
der Kindergeburtstag
ins Kino gehen
klettern
küssen

bei der Freundin übernachten

30

	lachen
die	Langeweile
sich	langweilen
	langweilig
	lesen
	malen
	Memory spielen
	mitspielen
der	Mitspieler
die	Mitspielerin
das	Museum
	Musik hören

sammeln

die	Musikschule
	musizieren
die	Party
das	Picknick
	picknicken
	plaudern
die	Puppe
das	Puzzle
die	Radtour
	reiten
	sammeln
	Schach spielen
	Schlittschuh laufen
das	Schwimmbad

toben

der Spielverderber

	schwimmen
	skaten
das	Spiel
	spielen
der	Spielplatz
der	Spielverderber
	Sport treiben
der	Sportverein
	Streetball spielen
	tanzen
	tauchen
	telefonieren
	toben
	turnen
etwas	unternehmen
der	Urlaub
sich	verabreden
	verkleiden
	verreisen
	Verstecken spielen
	wandern
die	Wanderung
das	Wochenende
	würfeln
	zelten
das	Zeltlager
der	Zoo

Sport und Spiel

Manche Menschen wollen testen, wie mutig sie sind. Sie suchen sich Extremsportarten aus, bei denen den meisten anderen Menschen die Haare zu Berge stehen.

das Freeclimbing

das Basejumping

das Drachenfliegen

das Bungeejumping

das Rafting

ETWAS ANDERE SPORTARTEN UND REKORDE

Fahrrad-rückwärts-Fahren: 113,1 Kilometer

Liegestützen auf rohen Eiern: 101-mal

Fußball-Balancieren: 45 Minuten lang

Rückwärts-Rennen: 800 Meter in 2 Minuten, 57 Sekunden

Gewinnen ist nicht alles

In der Freizeit Sport zu treiben, kann sehr viel Spaß machen. Manchmal ist Sport aber auch ganz schön anstrengend. Doch wenn Mitspieler und Zuschauer uns anfeuern, merken wir das meist gar nicht.
Es gibt unendlich viele Sportarten. Man könnte sie grob in zwei Gruppen unterteilen: Sport, den man selbst macht, und Sport, den man sich im Stadion oder im Fernsehen anschaut.
Es gibt Ereignisse, die Tausende von Menschen vor den Fernseher locken: die großen Motorsportrennen und Skispringen, die Fußballweltmeisterschaften oder die Olympischen Spiele. Um eine Sportart gut zu beherrschen, muss man regelmäßig trainieren. Die meisten großen Sportler haben schon als Kinder mit dem Training begonnen. Aber Glück braucht man zum Gewinnen auch: Wer beim Radrennen kurz vor dem Ziel über einen Nagel fährt, dem hilft das ganze Training vorher nichts.

Sport und Spiel

der Amateur
anfeuern
anstrengend
atemlos
aufgeben
die Ausdauer
ausscheiden

ausscheiden

der Ball
das Ballett
das Basketballspiel
der Boxkampf
die Bundesjugendspiele
die Dopingkontrolle
ehrgeizig
das Eishockey
der Eiskunstlauf
der Elfmeter
das Endspiel
der Endspurt
fair
die Fairness
der Fanklub
der Fechtsport
die Fitness
das Footballspiel
das Foul

das Fußballspiel
geschickt
gewinnen
die Gymnastik
das Handballspiel
das Hindernis
der Hochsprung
die Inliner
joggen
das Judo
das Karate
klettern
das Kunstturnen
laufen
die Leichtathletik
die Mannschaft
die Medaille
die Meisterschaft
messen
der Mitspieler
der Motorsport
die Olympischen Spiele
pfeifen
der Pokal
der Profi
die Punktwertung
der Radrennsport
der Reitsport
rennen
der Rollstuhlmarathon
rudern

das Foul

das Rugbyspiel
der Schiedsrichter
die Schiedsrichterin
schwimmen

siegen

die Schwimmhalle
schwitzen
segeln
siegen
der Sieger
die Siegerehrung
die Siegerin
der Skisport
spannend
spielen
das Spielfeld
die Sportart
der Sportler
die Sportlerin
sportlich
der Sportplatz
der Sportverein
springen
das Stadion
der Start
starten
der Startschuss

stoppen
die Stoppuhr
stürzen
surfen

verlieren

tanzen
tauchen
das Tennis
das Tischtennis
der Trainer
die Trainerin
trainieren
die Turnhalle
die Urkunde
der Verein
die Verletzung
verlieren
das Völkerballspiel
das Volleyballspiel
das Wasserballspiel
der Weitsprung
der Weltrekord
werfen
der Wettkampf
das Ziel
der Zuschauer

der Startschuss

Körper und Gesundheit

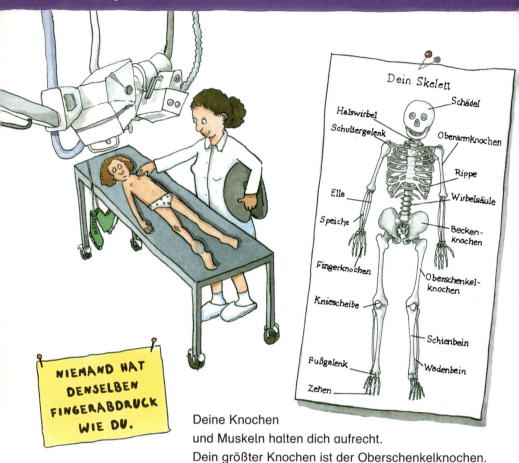

NIEMAND HAT DENSELBEN FINGERABDRUCK WIE DU.

Deine Knochen
und Muskeln halten dich aufrecht.
Dein größter Knochen ist der Oberschenkelknochen.
Dein größter Muskel ist der, auf dem du jeden Tag sitzt.

„Lachen hält gesund",
sagt man.

Aber manchmal gibts auch nichts zu lachen.

Blonde haben mehr Haare als Schwarzhaarige,
Rotschöpfe haben weniger.

Wundermaschine Körper

Jeder Teil unseres Körpers hat eine ganz bestimmte Aufgabe. Das Herz zum Beispiel pumpt Blut durch unseren Körper und versorgt die Muskeln und Organe mit allem, was sie brauchen. Wenn wir Sport machen oder aufgeregt sind, schlägt das Herz schneller als sonst, weil der Körper mehr Energie verbraucht. Manchmal ist unser Körper geschwächt. Dann werden wir krank. Vor einigen Krankheiten kann man sich durch eine Impfung schützen, bei anderen helfen Medikamente.
Mit vielem wird unser Körper ganz alleine fertig: Wenn man sich das Knie aufschürft, tut die Wunde zwar höllisch weh, aber man muss nicht unbedingt zum Arzt. Das Blut verkrustet und unter dem Schorf bildet sich neue Haut. Manche Krankheiten oder Verletzungen kann unser Körper aber ohne ärztliche Hilfe nicht heilen. Ein gebrochener Arm etwa muss geschient und eingegipst werden, damit der Bruch gerade zusammenwächst.

Körper und Gesundheit

die Allergie
der Arm
der Arzt
die Ärztin
atmen
das Auge
der Bauch
der Bauchnabel
das Bein
die Bewegung
das Blut
der Blutkreislauf
die Brust
der Darm
der Daumen
dick
dünn
der Ellbogen
die Ernährung

das Gebiss
gehen
das Gehirn
das Gesicht
gesund
das Gewicht
das Haar
der Hals

der Muskel

die Hand
die Haut
das Herz
hören
der Husten
die Impfung
das Kinn
der Knochen
der Knochenbruch
der Kopf
der Körper
die Körperpflege
kräftig
krank
das Krankenhaus
der Krankenpfleger
die Krankenschwester
die Krankheit
lachen

die Körperpflege

erschöpft
die Ferse
das Fieber
der Finger
frieren
fühlen
der Fuß

die Schmerzen

 zittern

	liegen		schwach
die	Lunge		schwitzen
der	Magen		sehen
die	Masern	die	Sehne
das	Medikament	der	Speichel
	müde	die	Spucke
der	Mumps	die	Stirn
der	Mund	die	Übelkeit
der	Muskel		ungesund
	nackt	die	Verdauung
die	Nase	sich	verletzen
die	Niere	die	Verletzung
das	Ohr		wach
das	Organ	die	Wade
der	Penis	die	Wange
der	Pickel	sich	waschen
der	Po		weh tun
	riechen		weinen
die	Röteln	die	Windpocken
der	Rücken	die	Wirbelsäule
	sauber	die	Wunde
die	Scheide	der	Zahn
	schlafen	der	Zahnarzt
	schlank	die	Zahnärztin
	schmecken		Zähne putzen
der	Schmerz	der	Zeh
der	Schnupfen		zittern
die	Schulter	die	Zunge

krank

Essen und Trinken

Wo kommen diese Speisen her?

jemandem Honig um den Bart schmieren

den Braten riechen

abwarten und Tee trinken

SPEISEKARTE
der Dönerkebab (Türkei)
die Pizza (Italien)
das Baguette, das Croissant (Frankreich)
der Hamburger, das Ketschup (Amerika)
der Falaffel (Nordafrika)
die Pommes frites (Belgien)
die Frühlingsrolle, der Wok (China)
das Sushi (Japan)
die Tortilla, das Chili con Carne (Mexiko)
das Gulasch (Ungarn)
die Paella (Spanien)
der Schaschlik (Russland)

Schon mal drüber nachgedacht ...

... warum Schnellesser langsamer satt werden?
... warum man bei Süßigkeiten auch mal nein sagen sollte?
... warum Mehl dunkel oder hell sein kann?

Guten Appetit

Die Energie, die wir brauchen, damit wir denken, sprechen und uns bewegen können, nehmen wir mit der Nahrung auf.
Wenn wir zu wenig Nahrung aufnehmen, sendet unser Körper uns eindeutige Signale und wir bekommen Hunger oder Durst.
Was wir essen, wenn wir Hunger haben, ist unterschiedlich. Manche mögen Schokolade, Eiscreme und Ketschup, andere essen lieber Müsli, frisches Obst und Salat.
Menschen, die ursprünglich aus anderen Ländern kommen und heute bei uns leben, haben ihre Lieblingsspeisen mitgebracht. Dadurch ist unser Speiseplan vielfältiger und bunter geworden. Nicht alle Lebensmittel, die wir kennen und gerne essen, werden auch bei uns angebaut. Reis kommt zum Beispiel aus Asien, Orangen werden aus Israel und Spanien zu uns gebracht und Kiwis aus Neuseeland und Italien. Den meisten Leuten ist es allerdings egal, woher ihr Obst kommt. Hauptsache es schmeckt!

Essen und Trinken

das Abendessen
der Apfel
der Appetit
die Banane
der Bärenhunger
die Beere
das Besteck
die Birne
bitter
der Blumenkohl
der Brokkoli
das Brot
das Brötchen
die Butter
der Durst
durstig
die Eiscreme
die Erbse
essen
der Essig

das Fastfood

das Fastfood
fasten
das Fett
der Fisch
das Fleisch
das Frühstück

der Geruch

die Gabel
das Gemüse
der Geruch
der Geschmack
gesund
das Getränk
das Gewürz
das Glas
die Gurke
heiß
der Honig
der Hunger
hungrig
der Jogurt
der Kakao
die Karotte
die Kartoffel
der Käse
kauen
das Ketchup
die Kirsche
die Kiwi
lecker
die Lieblingsspeise
der Löffel
die Mandarine
die Marmelade

die	Melone		salzig	
das	Messer		satt	
die	Milch		sauer	
das	Mineralwasser		scharf	
das	Mittagessen	das	Schlaraffenland	
das	Müsli		schlingen	
			schmatzen	
			schmecken	
		die	Schokolade	
		die	Schüssel	
		der	Senf	
der	Nachtisch	die	Serviette	
	naschen	die	Soße	
die	Nudel	die	Suppe	
das	Obst		süß	
das	Ökoprodukt	die	Süßigkeit	
das	Öl	die	Tasse	
die	Orange	der	Tee	
der	Paprika	der	Teller	
der	Pfeffer	die	Tomate	
die	Pflaume	der	Topf	
die	Pizza		trinken	
die	Pommes frites		ungesund	
der	Pudding		vegetarisch	
der	Quark	die	Wurst	
der	Reis		würzen	
der	Saft	die	Zitrone	
die	Sahne	die	Zucchini	
der	Salat	der	Zucker	
das	Salz	die	Zwiebel	

naschen

scharf

Liebe, Schwangerschaft und Geburt

Was macht das Baby im Bauch?

Es boxt mit den Fäusten.

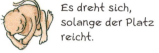

Es dreht sich, solange der Platz reicht.

Es tritt mit den Füßen.

Ab und zu hat es Schluckauf.

Es hört den Herzschlag der Mutter. Auch was draußen los ist, kann das Baby schon wahrnehmen.

Es schläft.

Manchmal öffnet es die Augen. Sehen kann es aber noch nicht.

MAN KANN BABYS IM BAUCH FOTOGRAFIEREN. HAST DU SO EIN BILD VON DIR?

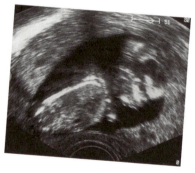

Eine Schwangerschaft dauert neun Monate oder 40 Wochen. In dieser Zeit wächst das Baby jeden Tag.

5. Woche

8. Woche

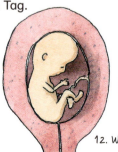
12. Woche

Ein Kind entsteht ...

Wenn zwei Erwachsene sich lieb haben und miteinander schlafen, wird die Frau manchmal schwanger. In ihrem Bauch wächst dann ein Baby.
Zuerst ist es so winzig, dass man es nur unter dem Mikroskop erkennen kann. Doch das Baby wächst, und der Bauch der Frau wird immer dicker. Bald schon kann das Baby seine Arme und Beine bewegen. Manche Babys lutschen im Bauch bereits am Daumen. Sie drehen sich und schlagen sogar Purzelbäume. Man kann fühlen, wie das Baby sich bewegt, wenn man die Hand auf den Bauch der Mutter legt. Irgendwann wird der Platz im Bauch zu eng: Nach neun Monaten will das Baby endlich heraus. Dann bekommt die Frau Wehen. Eine Geburt ist ziemlich anstrengend, aber Hebammen und Ärzte helfen der Frau beim Entbinden. Wenn das Baby geboren ist, sind aus dem Mann und der Frau ein Vater und eine Mutter geworden.

Liebe, Schwangerschaft und Geburt

das Baby
der Bauch
befruchten
die Befruchtung
berühren
die Binde
der Brei
die Brust
die Brustwarze
der Busen
der Eierstock
die Eifersucht
der Eileiter
einnisten
der Eisprung
die Eizelle
die Eltern
der Embryo
entbinden
die Entbindung
die Entwicklung
die Erektion
erwachsen
die Fortpflanzung
die Frau
der Freund
die Freundin

das Fruchtwasser
die Frühgeburt
fühlen
füttern
gebären
die Gebärmutter
die Geburt
der Geburtshelfer
der Geburtstag
das Gefühl
das Geschlechtsorgan
der Geschlechtsverkehr

füttern

das Glied
der Gynäkologe
die Gynäkologin
die Hebamme
das Herzklopfen
der Hoden
homosexuell
der Junge
der Kinderwagen
klein
das Kondom
der Kreißsaal
kuscheln
der Kuss

die Eifersucht

 rot werden

küssen
die Liebe
lieben
das Mädchen
der Mann
männlich
die Menstruation
miteinander schlafen
die Monatsblutung
die Mutter
der Mutterkuchen
die Nabelschnur
das Neugeborene
der Penis
die Pille
die Pubertät
rot werden
der Samen
der Säugling
die Schamlippe
die Scheide
schmusen
schwanger
die Schwangerschaft
die Schwangerschaftsgymnastik
der Sex
das Sperma
stillen

streicheln
der Tampon
der Ultraschall
umarmen
untersuchen
die Untersuchung
die Vagina
der Vater

 verknallt

verhüten
die Verhütung
verknallt
verlieben
verliebt
wachsen
die Wehen
weiblich
wickeln
der Wickeltisch
die Wiege
wiegen
die Windel
windeln
winzig
zärtlich
zeugen
die Zeugung
die Zwillinge

die Schwangerschaftsgymnastik

Kaufen und Verkaufen

Es gibt viele verschiedene Möglichkeiten, einzukaufen:

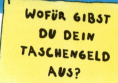

Im Sommerschlussverkauf

Der Sommerschlussverkauf hat begonnen. In den Straßen drängen sich Menschen auf der Jagd nach günstigen Schnäppchen. Vor den Umkleidekabinen und an den Kassen stehen lange Schlangen. Aber nicht nur die Verkäuferinnen haben alle Hände voll zu tun. Auch die Ladendetektive wissen kaum noch, wo ihnen der Kopf steht. Wie sollen sie bei dem Gedränge bloß den Überblick behalten? Zum Glück sind an den teuren Waren elektronische Diebstahlsicherungen angebracht. Diese Plastikchips piepsen, wenn jemand etwas aus dem Kaufhaus schmuggeln will, ohne zu bezahlen. Leider vergessen die Kassiererinnen manchmal die Chips zu entfernen. Dann piepst es, obwohl der Kunde bezahlt hat. Das ist natürlich für alle peinlich. Die Detektive und Verkäuferinnen haben sich schon oft bei ehrlichen Kunden entschuldigen müssen, die sie zu Unrecht am Ausgang angehalten haben.

Kaufen und Verkaufen

abwiegen
die Änderungs-
schneiderei
anprobieren
die Apotheke
die Auswahl
auswählen

sich entscheiden

die Bäckerei
der Baumarkt
beraten
bestellen
die Bestellung
bezahlen
billig
das Blumengeschäft
die Buchhandlung
die Diebstahlsicherung
der Drogeriemarkt
einkaufen
der Einkaufsbummel
der Einkaufskorb
die Einkaufstasche
der Einkaufswagen
der Einkaufszettel
einpacken
der Elektrohandel

sich entscheiden
die Gärtnerei
das Geld
der Geldbeutel
das Geschäft
die Geschäftszeiten
das Gramm
der Gutschein
der Handel
handeln
die Kasse
der Kassenzettel
kassieren
der Kassierer
die Kassiererin
der Katalog
kaufen
das Kaufhaus
das Kilo
der Kiosk
kosten
der Kunde
die Kundin
der Ladendetektiv
die Ladendetektivin
der Ladendieb
die Ladendiebin
der Ladentisch
der Liter
die Marke
der Markt

der Wühltisch

 handeln
 reklamieren

der	Meter
die	Metzgerei
das	Möbelhaus
das	Netz
das	Pfand
das	Pfund
der	Preis
der	Preisnachlass
das	Preisschild
der	Preisvergleich
	preiswert
die	Quittung
der	Rabatt
die	Rate
der	Räumungsverkauf
die	Rechnung
	reduzieren
das	Reformhaus
die	Reinigung
die	Reklamation
	reklamieren
das	Schaufenster
	Schlange stehen
der	Schlussverkauf
das	Schnäppchen
das	Schreibwarengeschäft

die	Selbstbedienung
das	Sonderangebot
	sortieren
der	Supermarkt
	teuer
die	Tüte
die	Überwachungskamera
die	Umkleidekabine
	umsonst
	umtauschen
das	Verfallsdatum
	verkaufen
der	Verkäufer
die	Verkäuferin
	verpacken
die	Verpackung
der	Versandhandel
die	Waage
die	Ware
das	Warentransportband
das	Wechselgeld
	wechseln
die	Werbung
	wiegen
der	Wühltisch
der	Zentimeter

der Ladendieb

Geld und Bank

Kennst du diese Redensarten?

Money doesn't grow on trees.

Das Geld zum Fenster hinauswerfen.

Im Geld schwimmen.

Das Geld liegt nicht auf der Straße.

Was macht Spaß und kostet kein Geld?

Schon mal drüber nachgedacht...

... wie viele Ausdrücke es für Geld gibt?

Kröten Blüten Pinke Rubel Kies Zaster Taler Pappe Schotter Eier Heu Moneten Pulver Kohle Moos Mäuse Knete Lappen

Blinde Menschen können mit den Fingern „sehen", wie viel ein Geldschein wert ist.

Wohin nur mit dem Geld?

Jeder hält einen anderen Ort für den sichersten für sein sauer verdientes Geld: Die einen haben Sparstrümpfe, andere bevorzugen die Matratze ihres Bettes als Versteck. Oder sie bewahren ihr Erspartes in einem Sparschwein auf. Die meisten Leute aber tragen ihr Geld zur Bank, wo es in einem Tresorraum sicher aufgehoben ist. Es sei denn, eine Bande von Bankräubern verübt einen Überfall. Das ist dann Pech für die Bank, denn sie muss dem Sparer auf Wunsch genau den Betrag wieder auszahlen, den er damals auf sein Sparbuch eingezahlt hat. Plus Zinsen. Ganz egal, wie oft die Bank überfallen wurde oder wie viel die Räuber erbeutet haben.
Wenn man Geld abheben will, muss man heute nicht mehr an den Schalter gehen. Jeder, der eine Scheckkarte besitzt und seine Geheimzahl kennt, kann an einem Geldautomaten Geld vom eigenen Konto abheben – sogar im Ausland.

Geld und Bank

abbezahlen
abheben
abstottern
die Aktie
der Aktienkurs
die Alarmanlage
anlegen

die Diskretion

arm
die Armut
ausfüllen
ausgeben
auszahlen
die Auszahlung
die Bank
der Bankangestellte
die Bankangestellte
der Bankdirektor
die Bankdirektorin
das Bankgeheimnis
die Bankkauffrau
der Bankkaufmann
die Bankleitzahl
der Bankräuber
die Bankräuberin
bankrott
der Banküberfall
die Bankverbindung

das Bargeld
der Bausparvertrag
der Betrag
die Börse
der Börsenkurs
der Cent
das Darlehen
der Dauerauftrag
der DAX
die Diskretion
der Dollar
einzahlen
die Einzahlung
der Euro
die Finanzierung
der Fonds
freigebig
die Geheimzahl
der Geizhals

der Geizhals

geizig
das Geld
der Geldautomat
der Geldbeutel
der Geldschein
das Geldstück
der Geldtransporter

der Geldumtausch
das Girokonto
der Goldbarren
die Gutschrift
das Haben
das Haushaltsgeld
die Hypothek
die Kasse
das Kleingeld
das Konto
der Kontoauszug
die Kontonummer
der Kontostand
der Kredit
die Kreditkarte
die Kundenberatung
die Lastschrift
der Millionär
die Münze
das Onlinebanking
das Passwort
pleite
das Prozent
die Rate
die Ratenzahlung
reich
der Reichtum
die Rendite
der Schalter
der Scheck
die Scheckkarte

die Zinsen

das Schließfach
die Schulden
schuldenfrei
das Soll
das Sparbuch
die Sparkasse
das Sparkonto
sparsam
das Sparschwein
der Sparstrumpf
das Spendenkonto
das Taschengeld
der Tresor

verschwenderisch

die Überwachungskamera
überweisen
das Überweisungsformular
überziehen
das Vermögen
verschwenderisch
die Währung
wechseln
das Wertpapier
zahlen
die Zinsen

die Bankräuberin

Verbindung aufnehmen

Das kann man auch ohne Worte sagen und verstehen:

„Lecker!"

„Igitt!"

„Spinnst du?"

„Da gehts lang!"

KÖNNEN DIE TELEFONNUMMERN IRGENDWANN AUSGEHEN?

3×4, 3×2, 2×4,
3×5, 3×4, 2×3, 2×2, 2×3,
1×3, 3×4, 3×2, 2×4

Entziffere die SMS-Botschaft!

Oft müssen Worte weite Wege zurücklegen, manchmal sogar unter Wasser.

Vom reitenden Boten zur SMS

Wenn man früher miteinander in Verbindung treten wollte, war das eine aufwändige und meistens auch sehr langwierige Angelegenheit. Briefe wurden mit Postkutschen, Segelschiffen oder von reitenden Boten transportiert und waren oft monatelang unterwegs. Heute ist die Post in der Regel schon am nächsten Tag beim Empfänger im Briefkasten. Und wenn man zum Telefon greift, eine SMS schickt, faxt oder mailt, dauert es nur wenige Minuten, bis die Botschaft ankommt.
Die Welt um uns herum ist voller Zeichen, die wir nur lesen und verstehen können, wenn wir gelernt haben sie zu entschlüsseln. Das weiß jeder, der sich gemeinsam mit Freunden schon einmal eine eigene Geheimsprache ausgedacht hat. Das Gleiche gilt auch für viele andere Zeichensysteme: für Verkehrszeichen zum Beispiel, für die Gebärdensprache oder für die Blindenschrift.

Verbindung aufnehmen

 chatten

absenden
der Absender
abstempeln
das Adressbuch
die Adresse
adressieren
der Anruf
der Anrufbeantworter
anrufen
die Anschrift
die Ansichtskarte
die Antenne
antworten
die Auskunft
benachrichtigen
besetzt
das Besetztzeichen
die Blindenschrift
der Brief
der Briefkasten
die Briefmarke
das Briefpapier
die Brieftaube
der Briefträger
die Briefträgerin
der Briefumschlag
der Chatroom
chatten
die Durchwahl
das Einschreiben

die E-Mail
die E-Mail-Adresse
der Empfänger
erreichbar
erreichen
das Fax
faxen
die Faxnummer
die Flaschenpost
das Freizeichen
funken
das Funkgerät
die Gebärdensprache
die Gebühreneinheit
das Gespräch
das Handy
die Information
informieren
das Internet
das Kabel
das Kartentelefon
klingeln
der Kurier
der Kurierdienst
lesen
das Leuchtfeuer
die Luftpost

die Mailbox
mailen
das Morsealphabet
morsen
die Nachricht
der Nachrichtensatellit
der Notruf
die Notrufsäule
das Päckchen
das Paket
der Paketdienst
das Porto
die Post
das Postamt
das Postfach
die Postkarte
die Postkutsche
die Postleitzahl
der Postschalter
der Poststempel

das Rauchzeichen

der Provider
das Rauchzeichen
schicken
schreiben
die Schrift

der Kurier

senden
die Sendung
die SMS
die Sondermarke
die Sprache
sprechen
der Tarif

das Trommelzeichen

das Telefon
das Telefonbuch
der Telefonhörer
telefonieren
die Telefonkarte
die Telefonleitung
das Telefonnetz
die Telefonnummer
die Telefonrechnung
die Telefonzelle
das Telegramm
das Trommelzeichen
unerreichbar
die Vorwahl
wählen
winken
das World Wide Web
zuhören
zurückrufen

Unterwegs im Netz

Als der Computer vor mehr als fünfzig Jahren erfunden wurde, war er zunächst nur als Arbeitsgerät für Wissenschaftler gedacht. Heute findet man fast in jedem Haushalt einen PC. Es gibt Lernsoftware für Schüler, Spiele zur Unterhaltung und besondere Programme für fast jeden Beruf.
Wer im Internet surfen will, braucht außer einem Computer einen Telefonanschluss und ein Modem. Mithilfe der Suchmaschinen lassen sich schnell und einfach Informationen besorgen. Außerdem kann man über das Internet Nachrichten austauschen, zum Beispiel indem man E-Mails verschickt oder sich in so genannten Chatrooms mit anderen unterhält. Dafür muss man allerdings flink auf einer Computertastatur tippen können und die Zeichen kennen, die Freude, Lächeln oder Trauer ausdrücken. Anders kann man Gefühle auf dem Bildschirm nämlich nicht zeigen.

Computer und Internet

der Bildschirmschoner

absenden
abstürzen
anklicken
ausdrucken
der Befehl
die Benutzeroberfläche
das Betriebssystem
der Bildschirm
der Bildschirmschoner
der Browser
das Byte
der CD-Brenner
die CD-ROM
der Chatroom
chatten
der Computer
das Computerspiel
der Cursor
die Datei
die Daten
die Datenautobahn
deinstallieren
der Desktop
die Diskette
das Dokument
der Doppelklick
der Drucker
einfügen

eingeben
einloggen
die E-Mail
die E-Mail-Adresse
das Emoticon
empfangen
das Fenster
die Festplatte
finden

der Hacker

das Format
formatieren
der Gameboy
die Grafik
der Hacker
die Hardware
herunterfahren
herunterladen
die Homepage
die Information
installieren
das Internet
die Internetadresse
der ISDN-Anschluss
der Joystick
das Kabel
kopieren

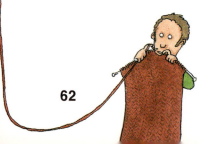

der Laptop
das Laufwerk
der Lautsprecher
das Lesezeichen
der Link
löschen
die Mailbox
mailen
markieren
die Maus
das Mauspad
die Menüleiste
das Mikrofon
das Modem
der Monitor
das MP3-Format
der Neustart
das Notebook
offline
online
der Ordner
das Passwort
der PC
die Playstation
das Programm
programmieren
der Provider
die Resettaste
scannen
der Scanner
die Schrifttypen

der Server
die Sicherheitskopie
sichern
die Software
der Speicher
speichern
der Speicherplatz
suchen
die Suchmaschine
surfen
das Symbol
die Tastatur
die Textverarbeitung
tippen
der Tower
der Treiber
überschreiben
das Update

 der Virus

die Verbindung
vernetzen
der Virenscanner
der Virus
die Webseite
das World Wide Web

das World Wide Web

Das Leben in früheren Zeiten

Früher waren die Menschen viel kleiner.

WER ERFAND DIE FUSSBODENHEIZUNG?

Sie sind auch nicht so alt geworden wie heute.

die Pyramiden

Aus vergangenen Zeiten gibt es gewaltige Bauwerke. Unzählige Menschen haben sie mit einfachen Werkzeugen errichtet.

die Sphinx

die Chinesische Mauer

Archäologen arbeiten wie Detektive. Oft müssen sie die Hinweise darauf, wie Menschen früher gelebt haben, erst mühevoll ausgraben.

Spuren der Vergangenheit

Überall, wo Menschen lebten, haben sie Spuren hinterlassen, die man heute noch finden kann. Zu den Überresten vergangener Kulturen gehören mächtige Bauwerke und Ruinen, Alltagsgegenstände, Schmuck, Werkzeuge oder alte Münzen. Manchmal findet man sogar in Mooren oder im Eis mumifizierte Menschen oder Tiere. In einem Gletscher in den Ötztaler Alpen wurde 1991 zufällig die Leiche eines Mannes entdeckt, der vor mehr als 5000 Jahren gestorben war. An den Hand- und Fußgelenken war er tätowiert. Röntgenuntersuchungen zeigten, dass „Ötzi" dort schmerzhafte Ablagerungen hatte. Es wird vermutet, dass die Tätowierungen diese Schmerzen lindern sollten. Auch durch „Ötzis" Kleidung, seine Ausrüstung, seine Waffen und seinen Proviant haben Archäologen neue Erkenntnisse über das Leben in der Steinzeit gewinnen können.

Das Leben in früheren Zeiten

der Ackerbau
die Ägypter
ansiedeln

antik

antik
die Araber
die Archäologie
die Ausgrabung
aussterben
die Axt
die Azteken
das Beil
sich bekriegen
bepflanzen
bewaffnet
der Bogen
die Bronzezeit
der Büffel
die Burg
die Chinesen
damals
der Einsiedler
die Eisenzeit
die Eiszeit
entdecken
erfinden
erobern
der Faustkeil

der Feind
feindlich
das Fell
das Feuer
der Feuerstein
der Fischer
das Fossil

der Frieden

der Frieden
früher
der Fund
das Gefäß
das Getreide
der Gladiator
die Götter
die Grabstätte
die Griechen
der Handel
das Heer
das Heiligtum
die Herde
herrschen
der Herrscher
die Hieroglyphen
die Höhle
die Höhlenmalerei
die Hütte
die Indianer

die Inkas
jagen
der Jäger
der Kaiser
die Kaiserin
der Keil
die Kelten
die Keramik
das Kloster
der König
die Königin
der Krieg
der Krieger
die Kultur
die Lanze
das Mammut
die Mayas
das Mittelalter

die Mumie

die Mumie
der Neandertaler
die Neuzeit
der Palast
der Pfahlbau
der Pfeil
der Pflug
der Pharao
plündern

die Pyramide
das Rad
der Ritter
die Römer
die Ruine
der Sammler
der Sarkophag

sesshaft

der Saurier
das Schaf
die Schleuder
das Schloss
das Schriftzeichen
das Schwert
sesshaft
die Siedlung
die Sippe
der Sklave
der Speer
die Steinzeit
der Tempel
die Viehzucht
der Vorfahre
die Waffe
das Werkzeug
die Wikinger
der Wolf
das Zelt

die Ausgrabung

Ritter und Burgen

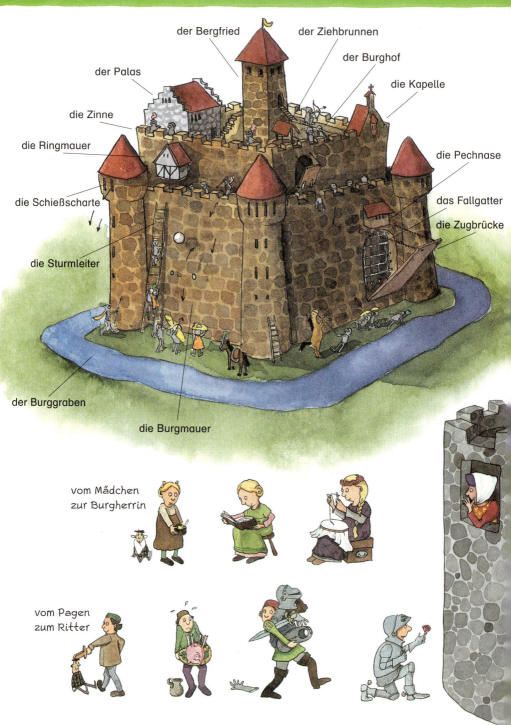

Tischsitten im Mittelalter

Beim Anblick einer Burgruine denkt man oft sofort an Ritter, die bei großen Turnieren in Rüstung und Schild mit Schwertern gegeneinander kämpften. Aber die Ritter haben früher, als die Ritterburgen noch bewohnt waren, natürlich nicht nur gekämpft. Manchmal kamen auf die Burgen nämlich auch Sänger und Dichter. Dann wurde getanzt, gesungen und musiziert, man feierte laute Feste und abends wurden Geschichten erzählt.
Bei diesen Festen hatte man sich ordentlich zu benehmen. Es war unanständig beim Essen zu schmatzen, über den Tisch zu spucken oder in die Tischdecke zu schneuzen – die fettigen Finger durfte man sich allerdings ohne Weiteres daran abwischen. Abgenagte Knochen legte man nicht in die Schüssel zurück, sondern warf sie einfach auf den Boden.
Wir sehen schon, nicht alle der damaligen Höflichkeitsregeln sind heute noch gültig!

Ritter und Burgen

das Abenteuer
der Adel
    adlig
die Amme
    angreifen
die Armbrust
der Bauer
die Bäuerin
    belagern
die Belagerung
der Bogen
die Burg
das Burgfräulein
das Burggespenst
der Burgherr
die Burgherrin
die Burgruine
    edelmütig
die Ehre
    ehrenhaft
der Eid
die Fackel
die Fahne
der Falke
die Fehde
das Fest
das Festmahl
die Flöte
    furchtlos
der Fürst
die Fürstin

kämpferisch

der Gaukler
das Gemach
der Gesang
der Handwerker
der Harnisch
der Helm

mutig

die Jagd
der Jongleur
der Kampf
    kämpfen
    kämpferisch
die Kemenate
das Kettenhemd
der Knappe
der Knecht
der Kreuzzug
der Krieg
die Lanze
die Laute
die Magd
der Minnesänger
das Mittelalter
    mittelalterlich

der Falke

der	Mönch
der	Morgenstern
der	Mundschenk
der	Musikant
der	Mut
	mutig
der	Narr
die	Nonne
der	Page
der	Pfeil
das	Pferd
	plündern
die	Plünderung
der	Rammbock
der	Raub
	rauben
der	Raubritter
	reiten
der	Ritter
	ritterlich
die	Ritterlichkeit
der	Ritterschlag
die	Rüstung
	schießen
der	Schild
die	Schlacht
	schlagen
der	Schmied
das	Schwert
das	Siegel
die	Sporen
der	Steinmetz
die	Steinschleuder
	stolz
die	Tafel
	tafeln
	tanzen
	tapfer
die	Tapferkeit
die	Treibjagd
die	Tugend
der	Turm
das	Turnier
das	Verlies
der	Vers
das	Visier
die	Wache
der	Wachturm
das	Wappen
der	Wegezoll
der	Wehrturm
der	Zimmermann
die	Zunft
der	Zwinger

angreifen

Stadt und Gemeinde

Wie kommen die Kinder zur Jugendherberge, wenn sie vorher noch ins Schwimmbad wollen? Wo liegt der Sportplatz?

Schon mal drüber nachgedacht...

... was in diesen Ämtern gemacht wird?

Arbeitsamt   Bauamt   Kulturamt

Standesamt   Ordnungsamt   Sozialamt

Jugendamt   Umweltamt

Städte früher und heute

In jedem Dorf gibt es außer dem Rathaus meist eine Kirche, ein Gasthaus und einen Friedhof. Je größer die Stadt ist, desto umfangreicher ist ihr Freizeitangebot: Kinos, Theater, Schwimmbäder, Parks – und natürlich viele Geschäfte und Restaurants. Größere Städte waren früher immer von einer Stadtmauer umgeben. Denn je wohlhabender die Bürger wurden, desto besser mussten sie sich vor Angriffen schützen. Natürlich waren die Städte damals nicht vergleichbar mit unseren modernen Städten. Es gab weder fließendes Wasser noch eine Kanalisation. Deshalb hat es auf den Straßen auch ganz erbärmlich gestunken: Volle Nachttöpfe, Essensreste, Seifenlauge vom Großwaschtag – alles wurde aus Fenstern und Türen auf die Straße gekippt. Abwassersysteme, Kläranlagen, Feuerwehr und Müllabfuhr sind Errungenschaften moderner Städte. Sie machen das Leben für die Bürger viel angenehmer.

Stadt und Gemeinde

abmelden
anmelden
das Auto
der Autofahrer
die Autofahrerin

die Litfaßsäule

der Bahnhof
die Bank
die Baustelle
besichtigen
der Briefkasten
der Brunnen
die Bücherei
bummeln
der Bürger
die Bürgerin
der Bürgermeister
die Bürgermeisterin
das Büro
der Bus
das Café
das Denkmal
das Dorf
einkaufen
die Eisdiele
fahren
das Fahrrad

die Feuerwehr
der Friedhof
der Fußgänger
die Fußgängerin
die Fußgängerzone
die Gasse
die Gaststätte
der Gehweg
die Gemeinde
der Gemeinderat
das Gericht
das Geschäft
die Großstadt
die Haltestelle
das Haus
das Hochhaus
das Hotel
die Jugendherberge
die Kanalisation
die Kanalratte

die S-Bahn

das Kaufhaus
der Kindergarten
das Kino
der Kiosk
die Kirche
die Kläranlage

der Tourist

die Kleinstadt	die Sehenswürdigkeit
der Konzertsaal	der Spielplatz
das Krankenhaus	der Sportplatz
die Kreuzung	städtisch
der Lärm	die Stadtmauer
laut	die Stadtverwaltung
die Litfaßsäule	die Stadtwerke
die Müllabfuhr	der Stau
das Museum	die Steuer
der Park	der Strafzettel
das Parkhaus	die Straße
der Parkplatz	die Straßenbahn
die Parkuhr	die Straßenbeleuchtung
die Passage	die Tankstelle
die Pizzeria	das Taxi
das Plakat	die Telefonzelle
der Platz	das Theater
die Polizei	der Tourist
die Polizeiwache	die Touristin
die Post	die U-Bahn
der Radfahrer	
die Radfahrerin	
der Radweg	
das Rathaus	
das Restaurant	
die S-Bahn	
das Schaufenster	die Universität
schlendern	der Verkehr
der Schnellimbiss	der Wohnsitzlose
die Schule	der Zebrastreifen
das Schwimmbad	das Zentrum

die U-Bahn

der Straßenmusikant

Unser Planet

Die Erde ist eine Kugel, die um die Sonne kreist.

Das tiefste Bohrloch in der Erdkruste ist 12 km tief. Dort ist es 450 °C heiß. Je tiefer man kommt, desto heißer wird es. Im flüssigen Erdkern herrschen bis zu 5000 °C.

Nordhalbkugel

das Weltraumteleskop

der Äquator

Am Äquator hat die Erde einen Umfang von 40 000 Kilometern.

Südhalbkugel

die Raumsonde

Die Erde wiegt rund 6 Trilliarden Tonnen.

■ **Festland:**
Es gibt sieben Kontinente auf der Erde. Asien ist der größte.

■ **Gebirge:**
Auf allen Kontinenten gibt es gewaltige Gebirge. Der höchste Berg ist der Mount Everest mit 8 848 Metern.

■ **Wasser:**
Über zwei Drittel der Erde sind mit Wasser bedeckt. Die Ozeane sind alle miteinander verbunden. Man könnte mit dem Schiff einmal um die Welt fahren, ohne an Land gehen zu müssen.

■ **Eis:**
Die kältesten Stellen der Erde sind die Pole. Es kann dort manchmal kälter als −80 °C sein.

■ **Wüste:**
Sandwüsten sind trocken und heiß. Es regnet dort fast nie.

Die Erde und ihre Bewohner

Die Erde ist von einer Lufthülle umgeben, die man Atmosphäre nennt. Dort entsteht das Wetter. Gleichzeitig schützt uns diese Hülle vor den schädlichen UV-Strahlen der Sonne. Im Laufe eines Jahres umkreist die Erde auf einer festen Bahn die Sonne. So entstehen die vier Jahreszeiten. Und weil die Erde sich dabei innerhalb von vierundzwanzig Stunden auch noch um ihre eigene Achse dreht, wechseln Tag und Nacht sich ab. Menschen gibt es überall auf der Erde. Sie unterscheiden sich in ihrem Aussehen, ihrer Kultur und ihrer Lebensweise. Angst vor Fremdem führt oft zu Missverständnissen, manchmal sogar zu Kriegen. Dabei wissen wir heute viel mehr voneinander als früher: aus Reiseberichten, Büchern oder aus dem Fernsehen. Außerdem sprechen immer mehr Menschen Fremdsprachen. Wenn man versucht einander zu verstehen, entdeckt man, wie viel man voneinander lernen kann.

Unser Planet

die Anziehungskraft

	Afrika
die	Antarktis
die	Anziehungskraft
der	Äquator
die	Arktis
	Asien
der	Astronaut
die	Astronautin
die	Atmosphäre
	Australien
die	Bodenschätze
der	Breitengrad
	drehen

der Astronaut

die	Ebene
die	Elemente
die	Erdachse
das	Erdbeben
die	Erde
die	Erdkruste
der	Erdteil
	Europa

das	Feuer
der	Fluss
das	Gebirge
das	Gestein
der	Geysir
die	Gezeiten
der	Gletscher
die	Himmelsrichtung
das	Hochland
die	Höhle
die	Insel
die	Jahreszeit
der	Jupiter
das	Klima
die	Klimazone
der	Komet
der	Kompass
der	Kontinent

der Kosmonaut

der	Kosmonaut
die	Kosmonautin
die	Küste
das	Land
die	Landschaft
der	Längengrad
die	Luft
der	Mars

die Schwerelosigkeit

das	Meer	die	Sonne
der	Mensch	die	Sonnenfinsternis
der	Merkur	das	Sonnensystem
der	Meteorit	der	Stern
die	Milchstraße	die	Sternschnuppe
	Mittelamerika		Südamerika
der	Mond	der	Süden
die	Mondfinsternis	der	Südpol
die	Nacht	der	Tag
der	Neptun	das	Tal
der	Neumond	das	Tier
	Nordamerika	die	Tropen
der	Norden	die	Tundra
der	Nordpol		umkreisen
der	Osten	die	Umlaufbahn
der	Ozean	das	Universum
die	Ozonschicht	der	Uranus
die	Pflanze	der	Urknall
der	Planet	die	Venus
der	Pluto	der	Vollmond
das	Polareis	der	Vulkan
die	Rakete	der	Wald
das	Raumfahrzeug	das	Wasser
die	Raumstation	der	Wasserkreislauf
der	Regen	das	Weltall
der	Regenwald	der	Westen
der	Satellit	das	Wetter
der	Saturn	der	Wind
die	Schwerelosigkeit	die	Wolken
die	Schwerkraft	die	Wüste
der	See	die	Zeitzone

die Umlaufbahn

Draußen im Grünen

Es gibt unterschiedliche Gärten: verwilderte und gepflegte, Blumen- und Gemüsegärten, Steingärten, botanische und zoologische Gärten. Eines haben sie aber alle gemeinsam: Sie sind ein vom Menschen gestaltetes Stück Natur.
In den Stadtparks zum Beispiel kann man sich im Grünen erholen, spielen oder spazieren gehen, ohne auf Autos achten zu müssen. Die Spielplätze, Picknickwiesen und Grillecken in den Parks sind im Sommer beliebte Treffpunkte.
Einige Familien haben einen eigenen Garten um ihr Haus, in dem sie säen, pflanzen und ernten. Manchmal trägt der Wind die Samen von Wildblumen in die Gärten. Unkraut nennen die meisten diese Pflanzen, die sie nicht selbst gesät haben, und jäten sie, sobald sie aufgegangen sind. Auch tierische Besucher sind nicht immer gern gesehen. An Schmetterlingen erfreut sich jeder, aber die Raupen werden oft bekämpft.

Im Garten

duften

der Ableger
die Ameise
die Amsel
der Apfelbaum
das Baumhaus
die Beere
das Beet
die Biene
der Birnbaum
das Blatt
die Blattlaus
blühen
die Blume
die Blumenzwiebel
die Blüte
die Bohne
der botanische Garten
duften
düngen
die Erbse
die Erde
die Erholung
ernten
die Frucht
der Garten
die Gartenarbeit
die Gartenmöbel
die Gartenschere
der Gartenzwerg
der Gärtner

die Gärtnerin
das Gemüsebeet
der Geräteschuppen
gießen
die Gießkanne
das Gras
grillen
die Hacke
hacken
die Hecke
die Hummel
der Igel
jäten
der Käfer
die Karotte
keimen
der Kirschbaum

jäten

die Kletterpflanze
die Knolle
die Knospe
der Kompost
die Kräuter
der Kürbis
der Laubhaufen
die Leiter

wuchern

der Maulwurf
die Maus
die Meise
das Nest
der Park
pflanzen
pflücken
das Radieschen
der Rasen
der Rasenmäher
der Rasensprenger
die Raupe
der Rechen
die Regentonne
der Regenwurm
reif
das Rotkehlchen

pflanzen

säen
der Salat
der Samen
der Sandkasten
die Schaufel
die Schaukel
der Schlauch
der Schmetterling

die Schnecke
schneiden
die Schubkarre
der Spaten
der Sperling
spielen
die Spinne
sprießen
der Stängel
der Steckling
der Strauch
stutzen
der Teich
die Tomate
umgraben
das Unkraut
verblühen
verwelken
verwildern
der Vogel
das Vogelhäuschen
wachsen
wuchern
die Wurzel
der Zaun
der Zaunkönig
der zoologische Garten
die Zucchini

der Zaunkönig

Auf dem Bauernhof

Früher mussten die Bauern die meisten Arbeiten von Hand ausführen.

Heute übernehmen das moderne Maschinen.

mähen

der Rundballen

dreschen

Garben binden

der Mähdrescher

Schon mal drüber nachgedacht...

... warum es in den meisten Sprachen ein Wort für Mehl gibt?

flour – Englisch
farina – Italienisch
小麦粉 – Japanisch
farine – Französisch
קמח – Hebräisch
jauho – Finnisch
αλεύρι – Griechisch
un – Türkisch
harina – Spanisch

Die Lebensmittel, die vom Bauern hergestellt werden, kannst du im Supermarkt kaufen. Findest du die Spur dieser Lebensmittel zurück auf den Bauernhof?

Warum stammen die meisten Eier im Supermarkt aus Käfighaltung?

Beim Biobauern

Bauernhöfe, wie man sie aus Bilderbüchern kennt, findet man heute kaum noch. Bauern züchten entweder eine ausgesuchte Tierart, oder sie bauen Nutzpflanzen an.
Kluge Landwirte halten ihre Tiere artgerecht. Denn nur, wenn die Tiere sich wohl fühlen, bleiben sie gesund. Beim Ackerbau kann man oft auf chemische Düngemittel verzichten, indem man Gülle, Mist und Jauche auf die Felder fährt. So werden dem Boden auf natürliche Weise Nährstoffe zugeführt.
Im Frühjahr bereitet der Bauer seine Felder mit der Egge auf die Aussaat vor. Im Spätsommer wird gemäht und geerntet. Dann sieht man das Stroh zu großen Strohballen gepresst auf den abgeernteten Stoppelfeldern liegen.
Auf vielen Bauernhöfen wurden Hofläden eingerichtet. Dort gibt es Obst und Gemüse aus eigenem Anbau, und man kann selbst gemachte Säfte, Marmelade, Wurst und Käse kaufen.

Auf dem Bauernhof

der Acker
die Ähre
anbauen
der Anhänger
artgerecht

artgerecht

ausmisten
der Bauer
die Bäuerin
der Bauernhof
bellen
der Biobauer
die Bodenhaltung
die BSE-Krise
der Dinkel
dreschen
das Düngemittel
düngen
die Egge
das Ei
die Ente
die Ernte
ernten
das Feld
die Fledermaus
die Fliege
fruchtbar

füttern
gackern
die Gans
das Gemüse
die Gerste
das Getreide
das Gewächshaus
die Grannen
grasen
grunzen
die Gülle
der Hafer
der Hahn
das Heu
der Hofladen
das Huhn
der Hund
die Jauche
das Kalb

die Gülle

die Kartoffel
die Katze
keimen
der Klatschmohn
der Kohl
der Kompost
das Korn

das Stoppelfeld

die Kornblume
die Kuh
der Landwirt
die Landwirtin
die Landwirtschaft
die Legebatterie
die Legehenne
der Mähdrescher
mähen
der Mais
mästen

der Raps
reif
das Rind
der Roggen
die Saat
die Saatkrähe
säen
die Sämaschine
der Schädling
das Schaf
die Scheune
schnattern
die Schwalbe
das Schwein
die Sense
das Silo
der Stall
das Stoppelfeld
das Stroh
der Strohballen
der Tierarzt
der Traktor
die Tränke
der Trog
das Vieh
das Viehfutter
die Weide
der Weizen
wiehern
die Ziege
die Zuckerrübe

der Raps

die Maus
melken
die Melkmaschine
die Milch
die Milchkuh
der Mist
die Mistgabel
das Obst
das Pferd
das Pflanzenschutz-
mittel
pflücken
der Pflug
pflügen
die Pute

die Legehenne

Im Wald

Der Wald als Lebensraum

Überall auf der Welt, wo ausreichend Regen fällt, wachsen Wälder. Sie bedecken fast ein Drittel der gesamten Landfläche. Sie liefern Sauerstoff und speichern Feuchtigkeit. Manche Wälder sind undurchdringliche Urwälder. In anderen erkennt man den Einfluss des Menschen zum Beispiel daran, dass Bäume gefällt und Waldwege angelegt werden.

In den europäischen Mischwäldern leben viele große und kleine Tiere. Einige haben fast keine natürlichen Feinde mehr, da die großen Raubtiere wie Bären und Wölfe selten geworden sind. Deshalb müssen Jäger dafür sorgen, dass der Wildbestand nicht zu groß wird. Im Winter achten Förster darauf, dass das Wild mit Nahrung versorgt ist. Während die einen sich füttern lassen, sammeln andere ihren Wintervorrat selbst, zum Beispiel Eichhörnchen. Und wieder andere Tiere verschlafen die Winterzeit einfach.

Im Wald

der Ahorn
der Ameisenhaufen
äsen
der Ast

die Baumschule

aufforsten
ausbrüten
die Axt
der Baum
die Baumkrone
die Baumschule
der Baumstamm
der Baumstumpf
die Birke
das Blatt
der Borkenkäfer
die Buche
die Buchecker
der Busch
der Dachs
dicht
das Dickicht
die Eiche
die Eichel
der Eichelhäher
das Eichhörnchen
die Eule

die Fährte
fällen
der Farn
die Fichte
finster
der Fliegenpilz
der Förster
die Försterin
die Forstwirtschaft
der Frischling
der Fuchs
der Fuchsbau
der Futterplatz
der Hirsch
der Hirschkäfer
die Hirschkuh
der Hochsitz
das Holz
jagen
der Jäger
die Jägerin
kahl
der Kahlschlag
die Kastanie
die Kiefer
das Kitz
klettern
knacken
knarren
der Kobel
kriechen

der Hirschkäfer

morsch

der	Kuckuck
	kühl
die	Lärche
das	Laub
der	Laubwald
die	Lichtung
der	Marder
der	Mischwald
das	Moos
	morsch
die	Motorsäge
der	Nadelwald
das	Nest
die	Paarungszeit
der	Pilz
	Pilze suchen
	rascheln
das	Reh
der	Rehbock
die	Rinde
	roden
der	saure Regen
	schattig
die	Schonung

	spazieren gehen
der	Specht
der	Steinpilz
	summen
die	Tanne
der	Uhu
der	Urwald
das	Veilchen
	vermodern
das	Vogelgezwitscher
der	Wald
die	Waldameise
der	Waldarbeiter
die	Waldarbeiterin
die	Waldbeere
der	Waldbrand
der	Waldkauz
das	Waldsterben
der	Waldweg
der	Wildbestand
das	Wildschwein
der	Winterschlaf
der	Wintervorrat
die	Wurzel
der	Zapfen
die	Zecke
der	Zweig

der Winterschlaf

die Paarungszeit

An Bach, Teich und Fluss

Wo die Libellen jagen

An den Ufern der meisten Bäche oder Seen wachsen Binsen oder Schilf. Sie bieten vielen Wasservögeln, Schlangen und Fröschen Schutz und Deckung. In den Bäumen und Büschen am Ufer finden Vögel Nistplätze. Aber nicht nur am Ufer gibt es Leben, sondern auch im Wasser. Die sumpfigen Uferbereiche von Seen und Tümpeln sind ein idealer Lebensraum für Kaulquappen und Libellenlarven. Forellen bevorzugen das sauerstoffreiche Wasser schnell fließender Bäche und kleiner Flüsse. Weiter flussabwärts, wo das Wasser langsamer fließt, leben Barsche und Hechte. Diese Raubfische ernähren sich vor allem von kleineren Fischen.
Leider sind auch immer noch viele europäische Flüsse und Seen durch Abwässer verunreinigt. Doch dem Umweltschutz verdanken wir es, dass die Wasserqualität heute schon wieder viel besser ist als noch vor einigen Jahren.

An Bach, Teich und Fluss

der Aal
das Abwasser
die Alge
die Amphibien
angeln
der Angler
die Anglerin
austrocknen
der Bach
der Barsch
der Biber
die Binse
das Biotop
das Blässhuhn
die Blindschleiche
brüten
der Egel

die Eintagsfliege

die Eintagsfliege
der Eisvogel
die Ente
die Erle
feucht
der Feuersalamander
der Fisch
der Fischotter
der Fischreiher

gluckern

flach
fließen
der Fluss
flussabwärts
flussaufwärts
das Flussbett
der Flusskrebs
die Flussmündung
die Forelle
der Frosch
gluckern
der Graureiher
der Hecht
das Hochwasser
das Insekt
der Karpfen
die Kaulquappe
der Kescher
klar
kriechen
die Kröte
die Krötenwanderung
das Küken
der Laich
laichen
die Larve
die Libelle

die Krötenwanderung

 das Moderlieschen

der Moder
das Moderlieschen
der Molch
das Moor
moorig
die Mücke
der Nistplatz
die Pappel
das Plankton
plätschern
quaken
die Quelle
die Ratte
der Raubfisch
die Ringelnatter
sauber
das Schilf
der Schlamm
die Schlingpflanze
schnattern
die Schnecke
der Schwan
die Schwertlilie
schwimmen
schwirren
der See
die Seerose
der Storch
der Strom
summen
der Sumpf

die Sumpfdotterblume
sumpfig
die Sumpfzone
das Süßwasser
tauchen
der Teich
die Teichmuschel
die Teichrose
tief
trüb
der Tümpel
überschwemmen

 die Wasserlinsen

das Ufer
die Uferzone
verunreinigt
das Wasser
der Wasserfloh
der Wasserlauf
der Wasserläufer
die Wasserlinsen
die Wasserpest
die Wasserpflanze
die Wasserqualität
die Weide
der Weiher
wuchern

Im Meer und an der Küste

Auf dem Meer fahren schwimmende Fischfabriken, die den gefangenen Fisch an Bord sofort verarbeiten. Über Radar machen sie die Fischschwärme ausfindig.

WARUM WIRD GENAU GEREGELT, WIE VIEL GEFISCHT WERDEN DARF?

Das Wasser der Meere ist ständig in Bewegung.

die Brandungswelle

die Gischt

der Wellenkamm

das Wellental

Ohne Geräte hält ein Mensch es nur drei bis vier Minuten unter Wasser aus, ohne zu atmen.

Ganz besondere Meeresbewohner

Es gibt Fische, die bis zu einer halben Minute übers Wasser „fliegen".

Mit seiner langen, sägeförmigen Schnauze greift der Sägefisch ganze Fischschwärme an, um anschließend die verletzten Tiere zu fressen.

Das Seepferdchen sieht gar nicht aus wie ein Fisch. Es schwimmt aufrecht im Meer.

Der Zitterrochen teilt elektrische Schläge aus.

Tiefseetaucher können bis zu 600 Meter tief tauchen. Dort unten sehen sie fast nichts mehr.

Sonne, Sand und Meer

Im Schwimmbad ist das tiefe Sprungbecken drei Meter tief. Im Meer dagegen spricht man bei einer Wassertiefe von bis zu 200 Metern noch von Flachwasser. In diesem küstennahen Bereich findet man die meisten Tier- und Pflanzenarten, weil das Meer hier lichtdurchflutet ist. Im offenen Meer ernähren sich viele Tiere von Plankton, winzigen Lebewesen, die im Wasser schweben. In der Tiefsee dringt kein Sonnenlicht mehr bis auf den Meeresgrund, und der Wasserdruck ist sehr hoch. Hier wachsen keine grünen Pflanzen mehr. Daher sind die meisten Tiefseefische Raubfische. Viele von ihnen ähneln kleinen Meeresungeheuern. Man erkennt sie an den großen, lichtempfindlichen Augen und an ihren äußerst scharfen Zähnen. Manche von ihnen haben sogar lange Leuchtorgane, mit denen sie andere Fische anlocken. Nur nachts steigen sie zur Nahrungssuche in höhere Wasserschichten auf.

Im Meer und an der Küste

der Fischschwarm

der Aal
die Alge
der Anker
der Barsch
die Bö
die Bohrinsel
das Brackwasser
die Bucht
der Deich
der Delfin
die Düne
die Ebbe
die Fähre
das Fangnetz
der Felsen
der Fisch
fischen
der Fischer
die Fischerin
der Fischkutter
der Fischschwarm
das Flachwasser
die Flaschenpost
die Flut
die Garnele
die Gezeiten
der Hafen

der Hai
die Halbinsel
die Hallig
der Hering
der Hummer
die Insel
der Kabeljau
der Kapitän
die Klippe
das Korallenriff
die Krabbe
der Krake
der Krebs
die Küste
die Küstenwacht
der Leuchtturm
das Meer

das Schiffswrack

der Meeresgrund
das Meeresleuchten
das Meeresungeheuer
die Möwe
die Muschel
nass
die Ölpest
der Ölteppich

die Ebbe

 das Seepferdchen

der Ozean
das Plankton
der Priel
die Qualle
das Rettungsboot
die Rettungsinsel
das Riff
salzig
das Salzwasser
der Sand
die Sandbank
sandig
das Schiff
das Schiffswrack
der Schlick
schwimmen
die Schwimmweste
der Seehund
der Seeigel
der Seemann
die Seenot
das Seepferdchen
die Seeschwalbe
der Seestern
das Segelboot
segeln
seicht
sinken
die Springflut
spritzen

der Strand
die Strömung
der Strudel
der Sturm
stürmen
die Sturmflut
stürmisch
die Sturmwarnung
surfen
der Tang
der Tanker
tauchen
der Teer
die Tiefsee

 der Wattwurm

tosen
der Tunfisch
verschmutzt
der Wal
das Wasser
der Wasserdruck
die Wasserpflanze
das Watt
der Wattwurm
die Welle
der Wind
windig

In den Bergen

Je höher man auf die Berge hinaufsteigt, umso kälter wird es. Auch der Sauerstoffgehalt in der Luft wird immer geringer. In sehr großen Höhen ist die Luft so dünn, dass Bergsteiger ein Sauerstoffgerät brauchen.

Wenn die Lufttemperatur sinkt, wechseln einige Tiere die Farbe ihres Fells oder Federkleids.

Kennst du die berühmtesten und höchsten Berge der Welt?

Wenn der Berg ruft

Hohe Berge, die man früher nur in stundenlangen Wanderungen besteigen konnte, erreicht man heute oft ganz bequem mit der Seilbahn. Wer allerdings Gämsen oder Murmeltiere beobachten will, muss sich ruhigere Wanderwege suchen. Gipfelstürmer brauchen zum Klettern eine besondere Ausrüstung: Seile, Haken, Karabiner, Steigeisen und Pickel. Oberhalb der Baumgrenze geht es damit über steile Felsenpfade und über Gletscher bis zum Gipfel.
Im Gebirge kann es ziemlich gefährlich werden. Das Wetter schlägt hier oft ganz plötzlich um. Immer wieder werden selbst erfahrene Wanderer und Skifahrer von Geröll- oder Schneelawinen überrascht. Dann rückt die Bergwacht aus. Mit Lawinensuchhunden sucht sie nach Verschütteten und birgt die Verletzten, die dann mit Hubschraubern auf dem schnellsten Weg in die umliegenden Krankenhäuser geflogen werden.

In den Bergen

der Abgrund
der Abhang
abrutschen
abseilen
absteigen
abstürzen
abwärts
die Alm
die Almhütte
die Alpenrose
der Auerhahn
aufsteigen
aufwärts
die Aussicht
der Bach
die Baumgrenze
der Berg
das Bergsteigen
bergab
bergauf
die Bergbahn
der Bergführer
bergig
der Bergsee
der Bergsteiger
die Bergsteigerin
die Bergwacht
die Bergziege
das Echo
das Edelweiß
der Enzian

der Auerhahn

gebirgig

der Erdrutsch
der Felsen
felsig
die Felswand
die Gämse
das Gebirge
gebirgig
der Geier
das Geröll
das Gestein
der Gipfel
das Gipfelkreuz
der Gletscher
die Gletscherspalte
die Gondel
hoch
das Hochgebirge
die Höhenangst
die Höhle
jodeln
kahl
klettern
der Klettersteig
die Lawine
die Lawinengefahr
der Lawinensuchhund

der Tiefschnee

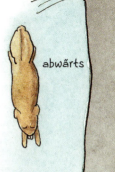
abwärts

das	Murmeltier
der	Pass
der	Pickel
der	Pulverschnee
der	Rucksack
	Schlitten fahren
die	Schlucht
der	Schnee
	schneebedeckt
die	Schneegrenze
das	Schneemobil
die	Schneeschmelze
der	Schneesturm
	schroff
	schwindelfrei

schwindelfrei

	schwindelig
	schwitzen
das	Seil
die	Seilbahn
	senkrecht
die	Serpentine
der	Sessellift
die	Sicherheit

	sichern
	Ski fahren
der	Skilift
die	Skipiste
die	Skischule
das	Skispringen
	Snowboard fahren
der	Stausee
	steil
die	Steilwand
der	Steinadler
der	Steinbock
das	Tal
	tief
der	Tiefschnee
	trittsicher
der	Tunnel
das	Unwetter
	verschüttet
die	Wanderkarte
	wandern
der	Wanderweg
der	Wasserfall
das	Wasserkraftwerk
die	Wetterstation
der	Wettersturz
der	Wintersport
	zerklüftet

aufwärts

In Kälte, Eis und Schnee

Keine Schneeflocke gleicht der anderen. Aber alle sind sie sechseckig.

der Nordpol

Manchmal sinkt die Temperatur an den Polen unter −80 °C.

der Südpol

Nur etwa ein Neuntel des Eisberges ragt aus dem Wasser.

DIE INUIT KENNEN VIELE AUSDRÜCKE FÜR „SCHNEE".

Der Gletscherfloh lebt in den Alpen. Bei etwa 10 °C erleidet er den Hitzetod.

Im ewigen Eis

Die beiden Pole liegen in den kältesten Regionen unserer Erde. Man spricht deshalb auch von Eiswüsten.
Der Südpol liegt auf festem Land: der Antarktis. Hier brüten Albatrosse und Pinguine. Im Landesinneren ist die Antarktis von einer bis zu vier Kilometer dicken Eisschicht bedeckt, die nur im Sommer an den Küsten und auf den umliegenden Inseln für kurze Zeit zu tauen beginnt.
Der Nordpol hingegen besteht aus einer riesigen Eisplatte, die im Nordpolarmeer schwimmt. Immer wieder brechen vom Rand dieser Platte Eisschollen ab. Im Meer zwischen dem Nordpol und der Küste Grönlands entsteht so im Sommer ein großes Packeisfeld, das im Winter wieder zufriert. Hier leben die Eisbären. Sie jagen Robben und manchmal auch Rentiere. Im Sommer wird die Gegend von riesigen Mückenschwärmen beherrscht. Also: Urlaub am Pol nur im Winter!

In Kälte, Eis und Schnee

der Albatros
die Antarktis
die Arktis
die Baumgrenze
bitterkalt
das Blockhaus
der Braunbär
der Dauerfrost
dunkel
eingeschneit

eingeschneit

das Eis
der Eisbär
der Eisberg
der Eisbrecher
die Eisdecke
der Eisfuchs
eisig
eiskalt
das Eismeer
der Eisregen
die Eisschmelze
die Eisscholle
die Eiswüste
der Eiszapfen
die Eiszeit
der Elch
die Erdölindustrie

erfrieren
der Eskimo
das ewige Eis
die Expedition
das Fell
das Fischerdorf
der Fischfang
der Fjord
die Flechte
die Forschungsstation
frieren
der Frost
frostig
gefrieren
der Gefrierpunkt
gefroren
gleiten
der Gletscher

gefroren

der Gletscherfloh
die Harpune
die Herde
das Hermelin
der Hundeschlitten
der Husky
das Iglu
die Inuit

der Kajak
kalt
die Kälte
die Küstenseeschwalbe
der Lemming
die Mitternachtssonne
das Moos
der Motorschlitten
das Nordkap
der Nordpol
die Orkanböe
das Packeis
der Pinguin
die Pipeline
das Plankton
der Pol
der Polarforscher
die Polarforscherin
der Polarkreis
das Polarlicht
das Polarmeer
die Polarnacht
das Rentier
die Robbe
der Schlitten
der Schlittenhund
das Schmelzwasser
der Schnee
die Schneeeule

das Packeis

der Schneefuchs
die Schneegans
der Schneehase
das Schneehuhn
die Schneeraupe
der Schneesturm
die Schneewehe
schneeweiß
der Ski
der Südpol
tauen
das Tauwetter
das Treibeis
die Tundra
überwintern
vereist
verschneit
das Versorgungsflugzeug
der Wal
das Walross
weit
die Weite
die Wetterstation
der Wolf
der Zobel
zufrieren

der Zobel

die Forschungsstation

In Wüste und Steppe

Oasen sind grüne Inseln mitten in der Wüste. Sie entstehen, wo sich Wasser in unterirdischen Gesteinsschichten gesammelt hat.

DIE BEWOHNER DER WÜSTENREGIONEN TRINKEN MEIST HEISSEN TEE. WARUM?

Der Mensch ist eigentlich nicht für ein Leben in der Wüste geeignet. Aber er hat Behausungen, Kleidung und Gewohnheiten gefunden, sich auch dort einzurichten.

Die Tiere in der Wüste kommen mit der Hitze und dem Wassermangel gut zurecht.

Der Skorpion kann über ein Jahr ohne etwas zu trinken auskommen.

Das Kamel legt Fettpolster an, mit denen es lange futter- und wasserarme Zeiten überstehen kann.

Wüstenechsen heben ihre Beine im Wechsel an, damit die Füße abkühlen können.

Viele kleine Tiere verkriechen sich tagsüber in der Erde.

Unter der sengenden Wüstensonne

Die großen Wüsten liegen in Afrika, Australien, Asien und Amerika. Die Sahara ist die größte von allen. In der Wüste gibt es Temperaturunterschiede von bis zu 50 Grad Celsius. Während tagsüber eine sengende Hitze herrscht, kann es nachts sogar frieren. Außer Dornenbüschen wächst hier fast nichts. Manchmal gehen heftige Regenschauer nieder. Sie verwandeln die Wadis, so nennt man die ausgetrockneten Flussbetten, von einer Sekunde auf die andere in reißende Flüsse. Dann fängt die Wüste an zu blühen, allerdings nur für eine ganz kurze Zeit.
Dort, wo die Wüsten in Halbwüsten und Steppengebiete übergehen, finden auch große Tiere genügend Nahrung. Die wohl berühmteste Grassteppe ist die Serengeti in Afrika. So viel Wild wie hier findet man sonst nirgendwo: ein wahres Schlaraffenland für den König der Tiere, den Löwen.

In Wüste und Steppe

der Aasfresser
der Aasgeier
die Antilope
der Beduine
die Beute
bewässern
die Bewässerungs-
anlage
der Brunnen
der Büffel
das Dromedar
die Dürre
der Durst
durstig
die Eidechse

der Beduine

der Elefant
das Erdöl
die Fata Morgana
der Fels
die Felswüste
der Fleischfresser
flüchten
fressen
die Gazelle
der Geier
der Gepard

die Geröllwüste
die Giraffe
glühend heiß
das Gnu
grasen
die Grassteppe
das Gürteltier
die Halbwüste
heiß
die Herde
hetzen
der Hirte
die Hitze
die Hyäne
jagen
der Kadaver
der Kaktus
die Kakteen
das Kamel
das Känguru
die Karawane
karg
lauern
die Lehmhütte
der Leopard
der Löwe
die Luftspiegelung
der Marabu
die Meute
das Nashorn
der Nationalpark

lauern

der	Niederschlag
das	Nilpferd
der	Nomade
die	Oase
	öde
die	Palme
der	Pflanzenfresser
die	Raubkatze
das	Raubtier
das	Revier
das	Rudel
die	Safari
die	Sanddüne
	sandig
der	Sandsturm
die	Sandwüste
der	Schakal
der	Schatten
	scheu
die	Schlange
	sengende Hitze
der	Skorpion
die	Sonne
	sonnig
der	Speer
der	Springbock
der	Staub
der	Steppenbrand
der	Strauß
die	Tarantel
die	Termite

der	Termitenhügel
das	Trinkwasser
	trocken
die	Trockenheit

die Tarantel

	verbrennen
	verdorren
	versickern
das	Wadi
das	Wasserloch
der	Wassermangel
die	Wasserstelle
	welk
	wild
der	Wilderer
der	Wolkenbruch
die	Wüste
der	Wüstenfuchs
die	Wüstenspringmaus
die	Wüstenstadt
der	Wüstenstamm
das	Zebra
das	Zelt

der Schatten

der Fleischfresser

Feuer und Licht

Im Laufe der Zeit wurde es immer heller:

112: DIE NOTRUFNUMMER DER FEUERWEHR.

offenes Feuer (Steinzeit)

Kienspan (Steinzeit)

Öllampe (3000 v. Chr.)

Aus einem unkontrollierten Feuer kann rasch ein Brand entstehen.

Gaslampe (um 1800)

Streichholz (um 1810)

Petroleumlampe (um 1850)

elektrisches Licht (um 1870)

Neonröhre (um 1910)

Halogenlampe (um 1960)

Die Sonne ist ein unruhig brodelnder Glutball, der mit seinen flammenden Gasen für Licht und Wärme auf der Erde sorgt. Auf der Oberfläche der Sonne ist es 6000 Grad Celsius heiß.

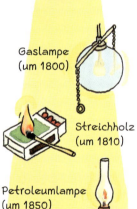

Ein aktiver Vulkan speit Feuer, er qualmt und raucht. Rot glühende Ströme flüssigen Gesteins fließen talabwärts.

Helligkeit und Wärme

Nichts hat den Fortschritt so sehr beeinflusst wie die „Zähmung" des Feuers. Erst das Feuer machte es den Menschen möglich, Speisen zu garen, Metalle zu schmelzen, Keramik und Glas herzustellen, Häuser zu heizen und Städte zu beleuchten.
Doch das Feuer hat auch zerstörerische Seiten: Verheerende Brände vernichteten früher ganze Städte und richten auch heute noch große Schäden an.
Die Erfindung des Schießpulvers beeinflusste auch die Kriegsführung: Durch den Einsatz von Kanonen und Bomben wurde der Krieg noch bedrohlicher. Das übermäßige Verbrennen von Öl, Kohle und Gas in den letzten Jahrzehnten trägt zudem zur Zerstörung der Ozonschicht bei.
Trotzdem: Ohne Feuer müssten wir auf viele Annehmlichkeiten verzichten. Ein Glück also, dass es unseren Vorfahren gelang, es zu beherrschen!

Feuer und Licht

- die Asche
- beleuchten
- der Blitz
- der Brand
- der Brandherd
- der Brandschutz
- die Brandstiftung
- die Brandwunde

der Feuerlöscher

- brennbar
- brennen
- der Brennofen
- der Brennstoff
- die Drehleiter
- das Dynamit
- elektrisch
- die Elektrizität
- das Elektrizitätswerk
- entzünden
- erhitzen
- ersticken
- die Explosion
- die Fackel
- die Fernwärme
- das Feuer
- die Feuerleiter
- der Feuerlöscher
- der Feuerspucker
- der Feuerstein
- die Feuerwehr
- der Feuerwehrmann
- die Feuerwehrübung
- das Feuerwerk
- das Feuerzeug
- feurig
- flackern
- die Flamme
- der Funke
- das Gas
- die Gasheizung
- die Gaslampe
- die Gasmaske
- glimmen
- glühen
- das Glühwürmchen
- die Glut
- der Grill
- heiß
- heizen
- hell
- der Herd
- die Hitze
- das Holz
- die Holzkohle
- der Hydrant
- der Kamin

glühen

 die Kerze

 die Sprinkleranlage

die Kerze
die Kohle
das Lagerfeuer
die Lampe
der Laserstrahl
    leuchten
das Leuchtfeuer
die Leuchtstoffröhre
der Leuchtturm
der Lichtstrahl
    lodern
    löschen
das Löschfahrzeug
der Ofen
das Öl
die Ölheizung
die Öllampe
die Petroleumlampe
die Pumpe
der Qualm
    qualmen
der Rauch
    rauchen
der Rauchmelder
die Rauchvergiftung
die Rauchwolke
der Ruß
    rußen

das Schaumlöschmittel
    scheinen
das Schießpulver
der Schlauch
    schmelzen
der Schmelzofen
der Schutzanzug
die Sonnenenergie
    sprengen
der Sprengstoff
die Sprinkleranlage
das Sprungtuch
das Streichholz
der Strom
die Taschenlampe
    verbrennen
der Vulkan
der Waldbrand
    warm
die Wärme
der Wohnungsbrand
die Zentralheizung
    zündeln
der Zunder
die Zündschnur

 das Sprungtuch

Das Wasser

Wasserkraft kann Strom erzeugen:

Die Kraft des Wassers treibt Turbinen an.

Die Turbinen treiben wiederum den Generator an, der die elektrische Energie erzeugt.

Über Hochspannungsleitungen wird der Strom zu den Haushalten transportiert.

Wasser verändert sich: Wenn es warm wird, dehnt es sich aus, wenn es gefriert auch.

Unter der Straße liegen dicke Wasserrohre. Von diesen aus führen kleinere Leitungen in die einzelnen Häuser.

Ohne Wasser geht nichts

Wasser kommt in drei Aggregatzuständen vor: als Dampf, flüssig und gefroren. Das macht Wasser vielseitig verwendbar. Als Dampf gart es Speisen oder treibt Turbinen zur Stromgewinnung an. In flüssigem Zustand wird es von Pflanzen, Tieren und Menschen getrunken, man kann damit waschen, Feuer löschen oder darin baden. Als Eis kühlt es Lebensmittel, und wir können Schlittschuh darauf laufen.
Ohne Wasser gäbe es kein Leben auf der Erde. In manchen Gegenden der Welt müssen die Menschen mit wenigen Litern am Tag auskommen. Bei uns hingegen verbraucht jeder im Durchschnitt 130 Liter am Tag. Das entspricht fast dem Inhalt einer Badewanne. Mehr als die Hälfte davon nutzen wir für die Klospülung. Damit Flüsse, Bäche und das Grundwasser nicht verschmutzen, gibt es Kläranlagen, die das Abwasser reinigen, ehe es in den Wasserkreislauf zurückgeleitet wird.

Das Wasser

abfließen
ablaufen
das Abwasser
der Aquädukt
aufweichen
der Bach
das Bad
baden
die Badewanne
das Brackwasser
der Brunnen
der Dampf

der Kanal
die Kanalisation
klar
die Kläranlage
das Klärbecken
kochen
kondensieren
das Meer
das Mineralwasser
das Moor
nass
der Niederschlag

durchnässt

kondensieren

durchnässt
das Eis
feucht
fließen
der Fluss
flüssig
frisch
gasförmig
gefrieren
der Gefrierpunkt
das Gewässer
der Geysir
das Grundwasser
der Hochbehälter

die Pfütze
plätschern
die Pumpe
pumpen
die Quelle
das Quellwasser
die Regentonne
das Regenwasser
rinnen
das Rinnsal
das Salzwasser
sauber
der Sauerstoff
der Schlamm

die Tropfsteinhöhle

	schmutzig
	schwimmen
der	See
der	Siedepunkt
	sinken
der	Springbrunnen
	sprudeln
	spülen
die	Spülmaschine
der	Stausee
der	Strom
	strömen
der	Sumpf
das	Süßwasser
der	Teich
die	Toilette
das	Trinkwasser
	tröpfeln
der	Tropfen
die	Tropfsteinhöhle
	trüb
die	Turbine
	überfluten
die	Überschwemmung
	verdampfen
	verdunsten
die	Verdunstung
	verseucht
	versickern
	verunreinigt
	waschen

die	Waschmaschine
	wasserdicht
der	Wasserdruck
der	Wasserfall
der	Wasserhahn
die	Wasserkraft
der	Wasserkreislauf
die	Wasserleitung
	wasserlöslich
das	Wasserrad
die	Wasserreinigung
	wasserscheu

trüb

wasserscheu

das	Wasserschutzgebiet
der	Wasserspiegel
der	Wassersport
die	Wasserstraße
der	Wassertropfen
der	Wasserturm
die	Wasseruhr
der	Wasserverbrauch
die	Wasserversorgung
der	Wasservorrat
das	Wasserwerk
	wässrig
das	WC

Luft und Wind

Wind kann schreckliche Zerstörungen anrichten, aber auch nützlich sein.

Wälder und Pflanzen halten die Luft sauber. Die Blätter nehmen Kohlendioxid auf und geben Sauerstoff ab.

Schon mal drüber nachgedacht ...

... was das heißt?   in die Luft gehen   dicke Luft

sich in Luft auflösen   frische Luft schnappen

Luftschlösser bauen   jemanden wie Luft behandeln

Wenn die Luft sich bewegt, kann man sie wahrnehmen, obwohl sie eigentlich unsichtbar ist.

So kann man sie hören.

Willst du wissen, wie viel Luft du einatmen und wieder ausatmen kannst? Teste es mit diesem Atemmessgerät.

So kann man sie fühlen.

So kann man sie sehen.

In die Luft gehen

Luft ist unsichtbar. Man kann sie nicht riechen, nicht fühlen, nicht schmecken – und doch ist sie überall. Wenn es aus der Küche nach Kuchen duftet, wird der Geruch von der Luft transportiert. Auch Geräusche und Musik hören wir nur, weil die Luft die Töne trägt. Vor mehr als vierhundert Jahren konnte ein berühmter Forscher beweisen, dass Luft auch etwas wiegt – genau wie Wasser, Sand oder Holz. Und eben weil Luft ein eigenes Gewicht hat, können Drachen und Heißluftballone auch in der Luft „schwimmen" – wie Schiffe auf dem Meer.
Im luftleeren Raum gibt es keinen Wind. Deswegen können Raketen dort nur mit Rückstoßantrieb fliegen.
Auch in unserem Körper stellt Luft einiges an. Wenn wir lachen, rast sie mit bis zu 100 Stundenkilometern durch unsere Lungen. Richtig peinlich kann es werden, wenn die Luft als Pups entweicht. Denn diese Luft riecht meist ziemlich streng!

Luft und Wind

die Flaute

der Atem
die Atemluft
die Atemnot
    atmen
    aufblasbar
    aufblasen
das Barometer
    blähen
    blasen
die Bö
die Brise
    dicke Luft
der Drachen
der Duft
    entlüften
    ersticken
der Fächer
der Fallschirm
die Fata Morgana
    flattern
die Flaute
    fliegen
der Flügel
    gleiten
der Hauch
    hauchen
der Heißluftballon

der Hochdruck
der Hurrikan
die Kaltluft
die Luft
der Luftantrieb
der Luftballon
das Luftbläschen
die Luftbrücke
das Lüftchen
    luftdicht
    luftdurchlässig

lüften

    lüften
die Luftfahrt
die Luftfederung
die Luftfeuchtigkeit
der Luftfilter
    luftgetrocknet
die Lufthülle
    luftig
der Luftikus
das Luftkissenboot
die Luftkühlung
der Luftkurort
    luftleer
das Luftloch
der Luftmangel

 pupsen

 der Ventilator

die Luftmatratze	das Schlauchboot
der Luftpirat	schweben
die Luftpost	der Schwimmreifen
die Luftpumpe	der Seewind
die Luftröhre	segeln
die Luftschicht	der Smog
die Luftschlange	stickig
das Luftschloss	der Stickstoff
die Luftspiegelung	der Sturm
der Luftsprung	stürmen
der Luftstrom	der Taifun
die Lufttemperatur	der Tiefdruck
die Lüftung	das Vakuum
die Luftverschmutzung	der Ventilator
der Luftwiderstand	die Warmluft
der Luftzug	der Wind
die Lunge	die Windgeschwindigkeit
der Mistral	die Windhose
der Orkan	die Windkraft
der Papierflieger	die Windmühle
pfeifen	das Windrad
der Pfeil	der Windsack
pupsen	der Windstärkemesser
pusten	windstill
der Sauerstoff	die Windstille
säuseln	das Windsurfen
der Schall	wirbeln
der Schirokko	der Wirbelsturm

 der Luftmangel

Das Wetter

It's raining cats and dogs.

WER MACHT EIGENTLICH DAS WETTER?

Wenn das Wetter schön ist und die Luft trocken, öffnen sich die Kiefernzapfen. Bei Regen schließen sie sich.

Es gibt viele Menschen, die ständig wissen müssen, wie das Wetter morgen wird, zum Beispiel Landwirte, Piloten oder Schiffskapitäne.

Bei diesem Wetter jagt man doch keinen Hund vor die Tür!

Alle reden vom Wetter

Über nichts wird so viel geredet und geschimpft wie über das Wetter. Scheint im Sommer wochenlang die Sonne, so klagen die Bauern und Gärtner, es sei zu trocken. Regnet es dagegen häufig, sprechen die Leute von einem schlechten Sommer. Wenn es im Winter schneit, gibt es ruck, zuck ein riesiges Verkehrschaos. Schneit es aber den ganzen Winter über nicht, dann sind sich die Menschen einig, dass die Winter nur früher richtige Winter waren: Es war so kalt, dass Flüsse und Seen zufroren und man jeden Tag Schlittschuh laufen konnte. Und natürlich gab es früher immer Unmengen von Schnee! Die Meteorologen, das sind die Wissenschaftler, die sich mit dem Wetter beschäftigen, haben heute sehr genaue Messgeräte zur Verfügung, um Wettervoraussagen zuverlässiger zu machen. Trotzdem scheint manchmal die Sonne, wenn sie Regen gemeldet haben, und umgekehrt.

Das Wetter

	abkühlen		klar
das	Barometer		kühl
die	Bauernregel	der	Meteorologe
	bedeckt	die	Meteorologin
	bewölkt		mild
die	Bewölkung		nass
der	Blitz		nasskalt
	blitzen	der	Nebel
	böig		neblig
der	Donner	der	Niederschlag
	donnern		nieseln
	dunstig	der	Nieselregen
das	Eis	der	Orkan
	eiskalt		pfeifen
	feucht	der	Raureif

der Föhn
  frieren
der Frost
  frostig
das Gewitter
das Glatteis
der Graupel
der Hagel
  hageln
  heiß
  heiter

frieren

die Himmelsrichtung
die Hitze
die Jahreszeit
  kalt
die Kälte

der Regen
der Regenbogen
die Regenkleidung
der Regenschirm
der Regentropfen
  regnen
  regnerisch
der Schauer
  scheinen
der Schnee
die Schneeflocke

böig

schwitzen

das Schneegestöber
der Schneesturm
das Schneetreiben
schneien
schütten
schwitzen
schwül
sommerlich
die Sonne
der Sonnenbrand
der Sonnenschein
der Sonnenschutz
sonnig
der Sturm
stürmen
stürmisch
der Tau
tauen
das Tauwetter
die Temperatur
das Thermometer
trocken
trüb
das Unwetter
vereist
warm

die Wärme
wechselhaft
wehen
das Wetter
der Wetterballon
der Wetterbericht
der Wetterdienst
der Wetterfrosch

vereist

der Wetterhahn
die Wetterkarte
das Wetterleuchten
der Wettersatellit
die Wetterstation
die Wettervorhersage
der Wind
die Windgeschwindigkeit
windig
die Windrichtung
der Windsack
die Windstärke
windstill
der Windstoß
die Wolke
der Wolkenbruch
wolkenlos
wolkig

der Meteorologe

Umwelt und Naturkatastrophen

Immer wieder werden große Umweltkonferenzen einberufen, weil sich Politiker und Experten aus aller Welt Sorgen über den Zustand unserer Erde machen.

ERKUNDIGE DICH, WAS IN DER AGENDA 21 STEHT.

unnötiges Licht ausmachen

Müll vermeiden und trennen

Wasser sparen

beim Einkaufen auf Umweltzeichen achten

kein Dauerlüften im Winter

elektrische Geräte vom Netz nehmen

Die Umwelt schützen

Hier, wo wir leben, gibt es weder schlimme Erdbeben noch zerstörerische Wirbelstürme, keine Dürren und nur selten Überschwemmungen.
Viele der Umweltkatastrophen bei uns werden von den Menschen selbst verursacht. Die Lawinenunglücke in den Skigebieten zum Beispiel hängen eng damit zusammen, dass die Hänge nach und nach abgeholzt wurden, um neue Skipisten bauen zu können. Und Treibhauseffekt, Klimaveränderung und Waldsterben sind letztendlich Folgen der Luftverschmutzung.
Die nordamerikanischen Indianer sagen: „Wir haben die Erde von unseren Kindern nur geliehen!" Das erkennt man nach und nach auch in den Industrieländern. Vertreter der Regierungen treffen sich zu internationalen Umweltkonferenzen, Naturschutzgebiete werden eingerichtet. Und es gibt strengere Gesetze zur Entsorgung von Sondermüll.

Umwelt und Naturkatastrophen

das Abgas
abholzen
das Abwasser
die Armut
die Atmosphäre
der Atommüll
aussterben
austrocknen
die Bergungsarbeiten
bewässern
der Boden
die Bodenprobe
die Chemikalie
der Dammbruch
das Düngemittel
die Dürre
der Energieverbrauch
die Entsorgung
Erdbeben
die Erderwärmung
der Erdrutsch
evakuieren
die Explosion
der Flüchtling
gefährlich
der Gewässerschutz
das Gift
giftig
die Giftwolke
der Großbrand
der Helfer

die Massentierhaltung

die Helferin
die Hilfsorganisation
das Hochwasser
der Hunger
die Hygiene
die Katastrophe
die Kernkraft
die Klimakonferenz
der Klimaschutz
die Klimaveränderung
die Lawine
lebensgefährlich
das Löschfahrzeug
die Luftverschmutzung
die Massentierhaltung
der Massentourismus
der Müll
die Müllhalde
die Mülltrennung
die Müllverbrennung
das Nachbeben
der Nationalpark
die Natur
der Naturschutz
der Naturschützer
die Naturschützerin

die Explosion

 die Mülltrennung

 die Verschmutzung

das Naturschutzgebiet	die Überschwemmung
die Not	der Umweltbeauftragte
der Notruf	die Umweltbeauftragte
die Notunterkunft	umweltfreundlich
obdachlos	die Umweltkonferenz
die Ölpest	die Umweltorganisation
der Ölteppich	der Umweltschaden
die Opfer	der Umweltschützer
das Ozonloch	die Umweltschützerin
die Ozonschicht	der Umweltskandal
die Pestizide	das Unwetter
recyceln	verbrennen
das Recycling	vergiften
der Reichtum	verletzen
der Rettungseinsatz	die Verschmutzung
die Richterskala	verwüsten
roden	der Vulkanausbruch
der saure Regen	der Waldbrand
schädlich	das Waldsterben
der Schadstoff	die Wasserprobe
die Schlammlawine	die Wasserqualität
die Seuche	zerstören
der Sondermüll	
die Sonnenenergie	
die Spende	
der Sturmschaden	
der Suchtrupp	
der Treibhauseffekt	
die Überbevölkerung	

 das Unwetter

Erfindungen

Seit es Menschen gibt, versuchen sie durch intelligente Erfindungen ihr Leben zu verbessern und sich die Arbeit zu erleichtern.

WAS HÄLTST DU VON EINEM ELEKTRONISCHEN HAUSTIER?

Erfindungen können von einem Einzelnen durch Zufall ...

... oder von vielen in jahrelanger wissenschaftlicher Arbeit gemeinsam entdeckt werden.

Jährlich wird in Schweden der Nobelpreis an Forscher verliehen, die eine große Entdeckung für die Wissenschaft gemacht haben.

Vom Rad zum Auto

Die Namen der ersten Erfinder kennt niemand, obwohl ihre Erfindungen für uns alle unglaublich wichtig sind. Keiner weiß, wer zum Beispiel das Rad erfunden hat oder wer zum ersten Mal darauf kam, Ton zu brennen.
Manche Erfindungen scheinen zu einer bestimmten Zeit förmlich in der Luft zu liegen. So kommt es, dass nicht nur ein einzelner Erfinder die Idee hatte, das Telefon zu erfinden, sondern mehrere fast zur gleichen Zeit: Der Deutsche Philipp Reis versuchte schon 1861, Töne über weite Entfernungen zu übertragen. Doch Alexander Bell, ein Amerikaner, war der Erste, der mit seinem Telefon auch Geld verdiente. Er meldete 1876 ein Patent für seine Erfindung an.
Wer ein Patent anmeldet, lässt sich als Erfinder eintragen. Jeder, der diese Erfindung in Zukunft benutzen oder verkaufen will, muss an den Erfinder eine Gebühr zahlen.

Erfindungen

automatisch

ausprobieren
das Auto
der Automat
automatisch
die Batterie
bequem
die Brille
der Buchdruck
der CD-Player
die Chemie
der Computer
die Dampfmaschine
die Eisenbahn
der Elektroherd
der Elektromotor
entdecken
die Entdeckung
entwickeln
erfinden
der Erfinder
die Erfinderin
erfinderisch
die Erfindung
das Experiment
experimentieren
das Fahrrad

der Fahrstuhl
der Fallschirm
das Fernglas
der Fernsehapparat
der Filzstift
das Flugzeug
das Forschungslabor
der Fortschritt
fortschrittlich
der Fotoapparat
der Fotokopierer
der Füller
der Gummireifen
die Industrie
die Kaffeemaschine
die Kamera
das Kino

konstruieren

konstruieren
der Kran
der Kühlschrank
die Kurbel
das Labor
der Laser
die Linse
die Maschine

das Forschungslabor

das Teleskop

maschinell
die Mathematik
der Mikrochip
das Mikroskop
modernisieren

modernisieren

der Motor
die Mühle
das Naturgesetz
neu
neugierig
der Nobelpreis
das Papier
das Patent
das Patentamt
patentieren
die Physik
das Porzellan
praktisch
die Pumpe
das Rad
das Radar
das Radio
die Rakete
rationalisieren
der Reißverschluss
der Roboter

die Röntgenstrahlen
das Rührgerät
der Satellit
das Schießpulver
das Schiff
schnell
die Seilwinde
der Spiegel
die Spülmaschine
der Staubsauger
der (elektrische) Strom
die Taucherglocke
die Technik
technisch
das Telefon
das Teleskop
das Thermometer
tüfteln
der Tüftler
die Tüftlerin
die Turbine
die Uhr
die Waschmaschine
die Wasserleitung
das Wasserrad
die Windmühle
der Wissenschaftler
die Wissenschaftlerin
das Zahnrad
die Zeitersparnis
die Zentralheizung

Auf der Straße

Immer mehr Menschen fahren mit dem Auto. Deshalb sind die Straßen in den Städten zu manchen Tageszeiten völlig verstopft. Mit dem Bus, der Bahn oder dem Fahrrad kommt man oft schneller voran.

IN WELCHEM LAND GIBT ES DIE MEISTEN FAHRRADFAHRER?

Verkehrssünder werden mit einem Bußgeld bestraft.

Der Straßenverkehr wird durch Verkehrschilder, Markierungen und Ampeln geregelt.

Sind das Fußgänger?

Wo führt diese Straße hin?

Straßen benutzen wir jeden Tag: auf dem Weg zur Schule oder zur Arbeit, wenn wir verreisen oder wenn wir etwas transportieren. Es ist für uns selbstverständlich, dass zu fast jedem Haus eine asphaltierte Straße führt. In anderen Gegenden der Welt sind viele Orte nur auf schmalen Trampelpfaden zu erreichen. Früher gab es auch bei uns nur wenige und schlechte Straßen, auf denen die Räder der Kutschen oft brachen. Heute überlegen Straßenplaner, wo Straßen fehlen, wo ein neuer Autobahnabschnitt gebaut werden muss oder wo eine Umgehungsstraße den Verkehr um die Innenstädte herumleiten könnte. Und wenn ein Haus dort steht, wo eine neue Straße gebaut werden soll? Dann müssen die Bewohner meistens umziehen. Kirchen oder andere Gebäude, die unter Denkmalschutz stehen, werden manchmal allerdings auch mit großem Aufwand um einige Meter versetzt.

Auf der Straße

beschleunigen

die Ampel
anfahren
anhalten
anschnallen
der Asphalt
aufmerksam
die Ausfahrt
das Auto
die Autobahn
der Autofahrer
die Autofahrerin
die Baustelle
das Benzin
beschleunigen
blinken
der Bordstein
bremsen
der Bus
der Diesel
die Einbahnstraße
die Einfahrt
einparken
die Fahrbahn
die Fahrbahnmitte
fahren
das Fahrrad
der Fahrradweg
die Fahrspur
die Fahrtrichtung
das Fahrzeug
der Fußgänger

die Fußgängerin
die Fußgängerzone
der Gegenverkehr
gehen
der Gehweg
gelb
geradeaus
die Geschwindigkeit
grün
die Haltestelle

die Helmpflicht

die Helmpflicht
hupen
der Kindersitz
die Kreuzung
die Kurve
die Kutsche
die Landstraße
langsam
lenken
links
der Linksabbieger
der Lkw
der Mittelstreifen
das Mofa
der Motor
das Motorrad

rücksichtslos

der Motorroller	die Tankstelle
die Notrufsäule	das Taxi
die Panne	der Trampelpfad
parken	der Transport
das Parkhaus	der Tunnel
der Parkplatz	überholen
der Pkw	überqueren
der Radfahrer	die Umgehungsstraße
die Radfahrerin	die Umleitung
rasen	sich umsehen
rechts	der Unfall
der Rechtsabbieger	der Verkehr
die Reflektoren	das Verkehrschaos
rot	der Verkehrsfunk
rücksichtslos	die Verkehrsinsel
rücksichtsvoll	die Verkehrspolizei
schnell	
die Schnellstraße	
sicher	
der Sicherheitsabstand	
der Sicherheitsgurt	
der Skater	die Verkehrsregel
die Spielstraße	verkehrssicher
der Stau	das Verkehrszeichen
stoppen	die Vorfahrt
das Stoppschild	vorsichtig
die Straße	der Zebrastreifen
tanken	zusammenstoßen

das Verkehrschaos

die Reflektoren

Auf der Schiene

Es werden immer schnellere Züge gebaut. Heute kann ein Hochgeschwindigkeitszug mehr als 500 km in der Stunde fahren.

Die ersten Züge fuhren kaum schneller als ein Auto im Stadtverkehr. Das hielten die Menschen damals für gesundheitsschädlich.

Schon mal drüber nachgedacht...

... wie eine Dampflokomotive funktioniert?

Wasserdampf Heizer Räder Kohle Ruß Wasserkessel
Rauchwolke Gestänge Wasser Schornstein

Seit 100 Jahren gibt es in Wuppertal eine Schwebebahn. In einer Schiene hängend fährt sie durch die ganze Stadt.

Zahnradbahnen sind meist Bergbahnen. Die Zahnräder der Lokomotive greifen mit Zähnen in eine Schiene ein und können so auch große Steigungen bezwingen.

Die Magnetschwebebahn wird durch Magnete in ihrer Spur gehalten. Sie hat keine Räder.

Bitte umsteigen!

Straßen können von allen möglichen Fahrzeugen benutzt werden. Schienen dagegen bilden ein Verkehrsnetz nur für Schienenfahrzeuge, z. B. Züge. Manche Züge sind sehr berühmt geworden, etwa der Orientexpress, ein Luxuszug, der fast 100 Jahre lang zwischen Paris und Istanbul verkehrte.
Auch in den Städten fahren heute überall Schienenfahrzeuge, vor allem U-Bahnen und Straßenbahnen. Eine besonders ausgefallene Straßenbahn gibt es in San Francisco: Die so genannten Cable Cars werden an langen Kabeln über die Schienen gezogen und bewältigen die steilen Straßen fast mühelos.
Bahn fahren ist eine entspannende und sichere Art zu reisen. Auf manchen Strecken kann man sogar Schlafwagen buchen oder sein Fahrzeug im Autoreisezug mitnehmen. Es gibt keine Staus, und Unfälle sind eher selten. Außerdem können so auch die Eltern während der Fahrt spielen, lesen oder schlafen!

Auf der Schiene

die Abfahrt
die Abfahrtszeit
    abkoppeln
das Abteil
    ankoppeln
die Ankunft
die Ankunftszeit
der Anschlusszug
die Auskunft
    aussteigen
der Autoreisezug
die Bahncard
der Bahnhof
die Bahnhofsmission
die Bahnhofsuhr
die Bahnschranke
der Bahnsteig
der Bahnübergang

die Durchsage

das Bistro
die Dampflok
die Diesellok
die Durchsage
die Einfahrt
    einsteigen
die Eisenbahn
die Eisenbahnbrücke

entwerten

die Elektrolok
    entladen
    entwerten
der Eurocityzug
der Fahrgast
die Fahrkarte
die Fahrkartenkontrolle
der Fahrkartenschalter
der Fahrplan
die Fahrplanauskunft
der Fahrpreis
die Fahrstrecke
der Fernverkehr
das Gepäck
die Gepäckablage
der Gepäckwagen
das Gleis
der Großraumwagen
der Güterbahnhof
der Güterzug
die Haltestelle
der Hochgeschwindig-
    keitszug
der ICE
der Informationsschalter
die Informationstafel
der Interregiozug

die Verspätung

die Notbremsung

- die Kelle
- der Kiosk
- der Kühlwagen
- die Ladung
- der Lautsprecher
- der Liegewagen
- die Lokomotive
- die Modelleisenbahn
- der Nahverkehr
- die Notbremsung
- die Oberleitung
- der Pendler
- die Pendlerin
- der Personenzug
- die Pfeife
- pfeifen
- der Pfiff
- die Platzreservierung
- pünktlich
- der Rangierbahnhof
- rangieren
- die Rangierlok
- rattern
- das Reisezentrum
- die S-Bahn
- die Schiene
- das Schienenfahrzeug
- der Schlafwagen
- das Schließfach
- die Schwebebahn
- das Signal
- der Sitzplatz
- die Spurweite
- der Stehplatz
- das Stellwerk
- die Straßenbahn
- der Stromabnehmer
- der Treffpunkt

verpassen

- der Triebwagen
- der Tunnel
- die U-Bahn
- umsteigen
- unpünktlich
- verladen
- verpassen
- verreisen
- die Verspätung
- der Waggon
- die Wartung
- die Weiche
- die Zahnradbahn
- der Zug
- der Zugbegleiter
- die Zugbegleiterin
- der Zugführer
- die Zugführerin
- das Zugunglück

der Anschlusszug

Luft- und Raumfahrt

WARUM SIEHT VON OBEN ALLES SO KLEIN AUS?

Der Hubschrauber ist ein Alleskönner. Er kann nicht nur senkrecht nach oben und unten fliegen, sondern auch rückwärts und seitwärts.

In den großen Jumbos ist Platz für mehr als 500 Passagiere.

Segelflugzeuge fliegen ohne Motor.

Von Frankfurt bis an den südlichsten Zipfel von Afrika braucht ein Düsenflugzeug 10 Stunden. Mit dem Auto kommt man in dieser Zeit höchstens bis Mittelitalien.

Menschen, die einen Beruf haben, bei dem sie schnell von einem Ort zum anderen kommen müssen, benutzen Flugzeuge wie andere einen Bus.

Der Traum vom Fliegen

Genau 40 Jahre nachdem der erste Mensch in einer Raumkapsel die Erde umrundete, reiste der erste Weltraumtourist zur Raumstation ISS. Bis wir alle Urlaub auf dem Mars machen können, wird es allerdings noch eine Weile dauern. Zum einen sind solche Flüge ganz schön teuer. Und zum anderen würde ein bemannter Flug zum Mars und zurück derzeit noch zwei bis drei Jahre dauern.

Außerdem ist eine solche Reise ziemlich unbequem: Wegen der Schwerelosigkeit schnallen sich die Astronauten zum Schlafen im Raumschiff fest. Und man muss aufpassen, dass einem das Essen nicht davonschwebt!

Mit Robotern bestückte Raketen können übrigens wesentlich schneller reisen. Deshalb hat die NASA bei ihrem Programm zur Erforschung des Mars auch erst einmal nur unbemannte Flüge zum Roten Planeten vorgesehen.

Luft- und Raumfahrt

andocken

die Abflughalle
abheben
abstürzen
andocken
die Ankunftshalle
anschnallen
der Außerirdische
der Autopilot
der Bordcomputer
die Bordkarte
der Charterflug
das Cockpit
der Doppeldecker
das Düsenflugzeug
der Düsenjäger
einchecken
das Fahrwerk
der Fallschirm
fliegen

die Flugangst

die Flugangst
der Flugbegleiter
die Flugbegleiterin
der Flughafen
der Fluglotse
die Fluglotsin
der Flugschreiber

der Flugsteig (Gate)
das Flugticket
das Flugzeug
der Flugzeugabsturz
das Frachtflugzeug
funken
das Gepäck
der Gleitflug
der Heißluftballon
der Höhenmesser
der Hubschrauber
der Jumbojet
das Kerosin
der Kondensstreifen
die Kontrollinstrumente
der Kontrollturm (Tower)
der Kopilot
die Kopilotin
die Landebahn
landen
die Landung
das Last-Minute-Angebot
der Linienflug
das Luftloch
das Luftschiff
der Mechaniker
die Mechanikerin
das Motorflugzeug
die Notlandung
der Passagier
das Passagierflugzeug

die Passkontrolle
der Pilot
die Pilotin
der Propeller
der Radarschirm
die Rakete

die Passkontrolle

das Raketenflugzeug
der Raumanzug
die Raumfähre
die Raumfahrt
die Raumkapsel
das Raumschiff
die Raumstation
das Rollfeld
der Rückstoß
der Satellit
die Sauerstoffmaske
der Schleudersitz
schweben
schwerelos
die Schwimmweste
das Segelflugzeug
der Sicherheitsgurt
sinken
der Spaceshuttle
der Start
die Startbahn

das Überschallflugzeug

starten
steigen
der Steuerknüppel
der Sturzflug
das Terminal
der Tiefflug
die Tragfläche
das Transportflugzeug
der Treibstoff
das Triebwerk
trudeln
die Turbine
das Überschallflugzeug
das Ultraleichtflugzeug
die Umlaufbahn
die Wartung
das Wasserflugzeug
das Weltall
der Weltraumfahrer
die Weltraumfahrerin
das Wetter
der Zoll
die Zwischenlandung

der Schleudersitz

Schiffe und Seefahrt

Es gibt verschiedene Gründe, sich aufs Wasser zu begeben:

um Reisen zu machen

um Erdöl zu gewinnen

um Sport zu treiben

um Güter zu transportieren

um Krieg zu führen

um zu fischen

der Rettungsring

um Spaß zu haben

die Schwimmweste

Schon mal drüber nachgedacht...

... was diese Begriffe bedeuten?

abtakeln   halsen   steuerbord   Lee   backbord   Luv   Krähennest   Smutje   achtern   Kajüte   beidrehen   reffen

Zieht man an einem Seemannsknoten, wird er ganz fest.
Lässt man los, so ist er ganz leicht aufzumachen.

der Palstek   der Webleinstek   der Achtknoten   der Schotstek

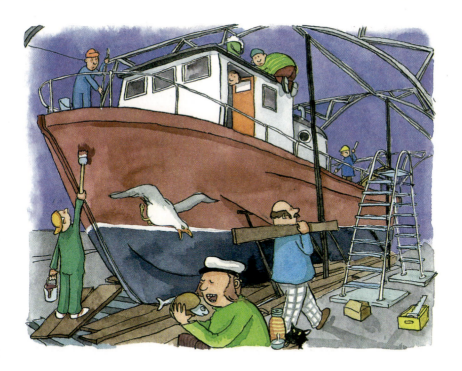

Auf hoher See

Für Landratten, die schnell seekrank werden, sind Schiffsreisen nicht geeignet. Das gilt für Fahrten mit einer kleinen Jacht genauso wie für eine Reise mit einem behäbigen Ozeanriesen. Früher konnte es durchaus passieren, dass man sich unfreiwillig auf eine Seereise begeben musste. Die Steuermänner waren nämlich beim Anheuern neuer Matrosen oft nicht gerade zimperlich. Sie versetzten den Männern einen Schlag auf den Kopf, und wenn diese dann wieder zu sich kamen, befand sich das Schiff schon auf hoher See.
Um 1850 begann die Zeit der großen Dampfer. Zu den bekanntesten zählt die Titanic, die 1912 im Atlantik sank. Auch heute geraten große Schiffe noch manchmal in Seenot. Dann kommen ihnen speziell ausgerüstete Seenotkreuzer, Huckepackschiffe und Hubschrauber zu Hilfe, um Mannschaft, Schiff und Ladung zu bergen.

Schiffe und Seefahrt

ablegen
der Anker
anlegen
der blinde Passagier
die Boje

kentern

das Boot
der Bug
das Bullauge
der Dampfer
das Deck
die Dschunke
der Einbaum
die Fähre
die Fahrrinne
der Fischkutter
die Flagge
die Flaute
das Floß
die Flotte
der Fluss
das Frachtschiff
die Gezeiten
der Hafen
die Havarie
das Heck
die Jacht

die Jungfernfahrt
der Kahn
der Kai
der Kajak
die Kajüte
das Kanu
der Kapitän
kentern
der Kiel
der Knoten
die Kombüse
die Kommandobrücke

seekrank

die Kreuzfahrt
das Kriegsschiff
die Küste
die Küstenwacht
die Ladung
das Leck
der Leuchtturm
das Logbuch
der Lotse
die Lotsin
das Luftkissenboot
die Mannschaft
der Mast

treiben

der Matrose
die Mole
morsen
das Motorboot
die Navigations-
instrumente
das Nebelhorn
der Ozeanriese
paddeln
das Passagierschiff
der Pirat
die Piratin
der Raddampfer
die Reederei
die Regatta
die Reling
retten
das Rettungsboot
der Rettungsring
das Ruder
das Ruderboot
rudern
der Rumpf
das Schiff
die Schiffbrüchige
der Schiffbrüchige
die Schifffahrt
die Schiffsschraube
das Schlauchboot
schleppen
die Schleuse

die Schwimmweste
die See
seekrank
der Seemann
der Seemannsknoten
die Seemeile
die Seenot
das Segel
segeln
das Segelschiff
sinken
SOS
der Stapellauf
der Steuermann
steuern
stranden
der Sturm
der Tanker
das Tauwerk
treiben
das U-Boot
untergehen
die Welle
die Weltumsegelung
die Werft
der Wind
das Wrack

der Stapellauf

der blinde Passagier

Wörterliste

der Aal 94, 98
der Aasfresser 110
der Aasgeier 110
abbezahlen 54
das Abendessen 42
das Abenteuer 70
die Abfahrt 142
die Abfahrtszeit 142
abfließen 118
die Abflughalle 146
das Abgas 130
der Abgrund 102
abgucken 22
der Abhang 102
abheben 54, 146
abholzen 130
abkoppeln 142
abkühlen 126
ablaufen 118
ablegen 150
der Ableger 82
abmelden 74
abrichten 18
abrutschen 102
abseilen 102
absenden 58, 62
der Absender 58
absteigen 102
der Abstellraum 14
abstempeln 58
abstottern 54

abstürzen 62, 102, 146
das Abteil 142
abwärts 102
das Abwasser 94, 118, 130
abwiegen 50
der Acker 86
der Ackerbau 66
der Adel 70
adlig 70
adoptieren 10
das Adoptivkind 10
das Adressbuch 58
die Adresse 58
adressieren 58
Afrika 78
die AG 22
die Ägypter (Mz.) 66
ähnlich 10
die Ähnlichkeit 10
der Ahorn 90
die Ähre 86
die Aktie 54
der Aktienkurs 54
die Alarmanlage 54
der Albatros 106
die Alge 94, 98
allein erziehend 10
die Allergie 38
die Alm 102
die Almhütte 102
die Alpenrose 102
alt 10
der Altbau 14

der Amateur 34
die Ameise 16, 82
der Ameisenhaufen 90
die Amme 70
die Ampel 138
die Amphibien (Mz.) 94
die Amsel 82
anbauen 86
die Änderungs- schneiderei 50
andocken ★ 146
anfahren 138
anfertigen 26
anfeuern 34
angeln 94
der Angestellte
die Angestellte 26
der Angler 94
die Anglerin 94
angreifen 70
anhalten 138
der Anhänger 86
der Anker 98, 150
anklicken 62
ankoppeln 142
die Ankunft 142
die Ankunftshalle 146
die Ankunftszeit 142
anlegen 54, 150
anleinen 18
anmelden 74
anprobieren 50
der Anruf 58
der Anruf- beantworter 58
anrufen 58
der Anschlusszug 142

abgucken

152

Wörterliste

A

der Astronaut

anschnallen 138, 146
die Anschrift 58
die Ansichtskarte 58
ansiedeln 66
der Anspitzer 22
anstrengend 34
die Antarktis 78, 106
die Antenne 58
antik 66
die Antilope 110
antworten 58
die Anziehungskraft 78
das Apartment 14
der Apfel 42
der Apfelbaum 82
die Apotheke 50
der Appetit 42
apportieren 18
der Aquädukt 118
das Aquarium 18
der Äquator 78
die Araber (Mz.) 66
die Arbeit 26
arbeiten 26
der Arbeiter 26
die Arbeiterin 26
der Arbeitgeber 26
der Arbeitnehmer 26
das Arbeitsamt 26
das Arbeitsblatt 22
die Arbeitskleidung 26
arbeitslos 26

das Arbeitslosengeld 26
die Arbeitslosigkeit 26
der Arbeitsplatz 26
die Arbeitszeit 26
die Archäologie 66
der Architekt 14
die Architektin 14
die Arktis 78, 106
der Arm 38
arm 54
die Armbrust 70
die Armut 54, 130
artgerecht 18, 86
der Arzt 26, 38
der Arzthelfer
die Arzthelferin 26
die Ärztin 38
die Asche 114
äsen 90
Asien 78
der Asphalt 138
der Ast 90
der Astronaut 78
die Astronautin 78
der Atem 122
atemlos 34
die Atemluft 122
die Atemnot 122
atmen 38, 122
die Atmosphäre 78, 130
der Atommüll 130
der Auerhahn 102
aufblasbar 122
aufblasen 122
aufforsten 90

aufgeben 34
aufmerksam 138
aufräumen 14
aufsteigen 102
aufwärts 102
aufweichen 118
aufziehen 18
das Auge 38
ausbilden 26
die Ausbildung 26
ausbrüten 90
die Ausdauer 34
ausdrucken 62
die Ausfahrt 138
der Ausflug 22, 30
ausfüllen 54
ausgeben 54
die Ausgrabung 66
die Auskunft 58, 142
der Auslauf 18
ausmisten 18, 86
ausprobieren 134
sich ausruhen 30
ausscheiden 34

der Auerhahn

ausschlafen 30
der Außerirdische 146
aussetzen 18
die Aussicht 102
aussteigen 142
aussterben 66, 130
Australien 78
austrocknen 94, 130
die Auswahl 50

153

Wörterliste

A
B

auswählen 50
auszahlen 54
die Auszahlung 54
ausziehen 14
der Auszubildende 26
die Auszubildende
das Auto 74, 134, 138
die Autobahn 138
der Autofahrer 74, 138
die Autofahrerin 74, 138
der Automat 134
automatisch 134
der Autopilot 146
der Autoreisezug 142
die Axt 66, 90
die Azteken (Mz.) 66

das Baby ★ 10, 46
der Bach 94, 102, 118
der Bäcker 26
die Bäckerei 50
die Bäckerin
das Bad 118
baden 118
die Badewanne 118
das Badezimmer 14
das Baguette 40
die Bahncard 142

der Bahnhof 74, 142
die Bahnhofsmission 142
die Bahnhofsuhr 142
die Bahnschranke 142
der Bahnsteig 142
der Bahnübergang 142
der Balkon 14
der Ball 30, 34
Ball spielen 30
das Ballett 34
die Banane 42
die Bank 54, 74
der Bankangestellte 54
die Bankangestellte 54
der Bankdirektor 54
die Bankdirektorin 54
das Bankgeheimnis 54
die Bankkauffrau 54
der Bankkaufmann 54
die Bankleitzahl 54
der Bankräuber 54
die Bankräuberin 54
bankrott 54
der Banküberfall 54
die Bankverbindung 54
der Bärenhunger 42
das Bargeld 54
das Barometer 122, 126
der Barsch 94, 98

die Baumschule

das Basketballspiel ★ 34
basteln 22, 30
die Batterie 134
der Bauarbeiter 26
die Bauarbeiterin
der Bauch 38, 46
der Bauchnabel 38
bauen 30
der Bauer 70, 86
die Bäuerin 70, 86
der Bauernhof 86
die Bauernregel 126
der Baukasten 30
der Baum 90
der Baumarkt 50
die Baumgrenze 102, 106
das Baumhaus 10, 14, 82
die Baumkrone 90
die Baumschule 90
der Baumstamm 90
der Baumstumpf 90
der Bausparvertrag 54
die Baustelle 74, 138
der Beamte
die Beamtin 26
der Beckenknochen 36
bedeckt 126
der Beduine 110

154

Wörterliste

B

beengt 14
beerdigen 10
die Beerdigung 10
die Beere 42, 82
das Beet 82
der Befehl 62
befruchten 46
die Befruchtung 46
das Beil 66
das Bein 38
beißen 18
sich bekriegen 66
belagern 70
die Belagerung 70
beleuchten 114
bellen 18, 86
benachrichtigen 58
die Benutzeroberfläche 62
das Benzin 138
bepflanzen 66
bequem 134
beraten 26, 50
der Berg 102
bergab 102
bergauf 102
die Bergbahn 102
der Bergfried 68
der Bergführer 102
die Bergführerin
bergig 102
der Bergsee 102
das Bergsteigen 102
der Bergsteiger 102
die Bergsteigerin 102
die Bergungsarbeiten 130

die Bergwacht 102
die Bergziege 102
der Beruf 26
berühren 46
beschleunigen 138
besetzt 58
das Besetztzeichen 58
besichtigen 74
das Besteck 42
bestellen 50
die Bestellung 50
der Besuch 30
besuchen 30
der Betrag 54
der Betrieb 26
das Betriebssystem 62
das Bett 14
die Beute 110
bewaffnet 66
bewässern 110, 130
die Bewässerungsanlage 110
die Bewegung 38
sich bewerben 26
bewölkt 126
die Bewölkung 126
bezahlen 50
der Biber 94
die Biene 82
der Bildschirm 62
der Bildschirmschoner 62
billig 50
die Binde 46

die Binse 94
der Biobauer 86
das Biotop 94
die Birke 90
der Birnbaum 82
die Birne 42
das Bistro 142
bitter 42
bitterkalt 106
blähen 122
blasen 122
das Blässhuhn 94
das Blatt 82, 90
die Blattlaus 82
blau
der blinde Passagier 150
die Blindenschrift 58
die Blindschleiche 94
blinken 138
der Blitz 114, 126
blitzen 126
das Blockhaus 106
blühen 82
die Blume 82
das Blumengeschäft 50
der Blumenkohl 42
die Blumenzwiebel 82
das Blut 38
die Blüte 82

sich bewerben

155

Wörterliste

B

der Blutkreislauf 38
die Bö 98, 122
der Boden 130
die Bodenhaltung 86
die Bodenprobe 130
die Bodenschätze 78
der Bogen 66, 70
die Bohne 82
die Bohrinsel 98
böig 126
die Boje 150
das Boot 150
der Bordcomputer ★ 146
die Bordkarte 146
der Bordstein 138
der Borkenkäfer 90
die Borkenkäferfalle 88
die Börse 54
der Börsenkurs 54
der botanische Garten 82
der Boxkampf 34
das Brackwasser 98, 118
der Brand 114
der Brandherd 114
der Brandschutz 114
die Brandstiftung 114
die Brandungswelle 96
die Brandwunde 114
braun
der Braunbär 106
die Braut 10
der Bräutigam 10
das Brautpaar 10

böig

der Brei 46
der Breitengrad 78
bremsen 138
brennbar 114
brennen 114
die Brennnessel 80
der Brennofen 114
der Brennstoff 114
das Brettspiel 30
der Brief 58
Briefe schreiben 30
der Briefkasten 58, 74
die Briefmarke 58
das Briefpapier 58
die Brieftaube 58
der Briefträger 58
die Briefträgerin 58
der Briefumschlag 58
der Briefzusteller 26
die Briefzustellerin
die Brille 134
die Brise 122
der Brokkoli 42
die Bronzezeit 66
das Brot 42
das Brötchen 42
der Browser ★ 62
der Bruder 10
der Brunnen 74, 110, 118

die Brust 38, 46
die Brustwarze 46
brüten 94
die BSE-Krise 86
der Buchdruck 134
die Buche 90
die Buchecker 90
die Bücherei 30, 74
die Buchhandlung 50
die Bucht 98
der Büffel 66, 110
der Bug 150
das Bullauge 150
bummeln 30, 74
die Bundesjugendspiele 34
die Burg 66, 70
der Bürger 74
die Bürgerin 74
der Bürgermeister 74
die Bürgermeisterin 74
das Burgfräulein 70
das Burggespenst 70
der Burggraben 68
der Burgherr 70
die Burgherrin 70
der Burghof 68
die Burgmauer 68
die Burgruine 70
das Büro 26, 74
die Büroarbeit 26
bürsten 18
der Bus 74, 138
der Busch 90
der Busen 46
die Butter 42
das Byte ★ 62

Wörterliste

das Café 74
der Camping-
   platz ★ 14
der CD-Brenner 62
der CD-Player ★ 134
die CD-ROM ★ 62
der Cent ★ 54
der Charterflug ★ 146
der Chatroom ★ 58, 62
   chatten ★ 58, 62
der Chef
die Chefin 26
die Chemie 134
die Chemikalie 130
die Chinesen
   (Mz.) 66
die Clique 30
das Cockpit ★ 146
der Computer ★
   22, 62, 134
am Computer
   spielen 30
das Computer-
   spiel ★ 62
der Cousin 10
die Cousine 10
das Croissant 40
der Cursor ★ 62

chatten

das Dach 14
der Dachs 90
   damals 66
der Dammbruch 130
der Dampf 118
der Dampfer 150
die Dampflok 142
die Dampf-
   maschine 134
das Darlehen 54
der Darm 38
die Datei 62
die Daten 62
die Daten-
   autobahn 62
der Dauerauftrag 54
der Dauerfrost 106
der Daumen 38
der DAX 54
das Deck 150
der Deich 98
   deinstallieren 62
der Delfin 98
das Denkmal 74
der Desktop ★ 62
   dicht 90
   dick 38
   dicke Luft 122

das Dickicht 90
die Diebstahl-
   sicherung 50
der Diesel 138
die Diesellok 142
der Dinkel 86
der Direktor 26
die Direktorin
die Diskette ★ 62
die Diskretion 54
das Dokument 62
der Dollar ★ 54
der Dönerkebab 40
der Donner 126
   donnern 126
die Doping-
   kontrolle ★ 34
der Doppeldecker 146
der Doppelklick 62
das Dorf 74
der Drachen 122
   Drachen steigen
   lassen 30
   drehen 78
die Drehleiter 114
   dreschen 86
   dressieren 18
der Drogeriemarkt 50
das Dromedar 110
der Drucker 62
die Dschunke 150
der Duft 122
   duften 82
die Düne 98
das Düngemittel
   86, 130
   düngen 82, 86
   dunkel 106

C
D

157

Wörterliste

dünn 38
dunstig 126
durchnässt 118
die Durchsage 142
die Durchwahl 58
die Dürre 110, 130
der Durst 42, 110
durstig 42, 110
das Düsenflugzeug 146
der Düsenjäger 146
das Dynamit 114

die Ebbe 98
die Ebene 78
das Echo 102
edelmütig 70
das Edelweiß 102
der Efeu 80
der Egel 94
die Egge 86
die Ehe 10
die Ehefrau 10
der Ehemann 10
die Ehre 70
ehrenhaft 70
ehrgeizig 34
das Ei 86
die Eiche 90

die Eichel 90
der Eichelhäher 90
das Eichhörnchen 90
der Eid 70
die Eidechse 110
der Eierstock 46
die Eifersucht 46
die Eigentumswohnung 14
der Eileiter 46
einander helfen 10
die Einbahnstraße 138
der Einbaum 150
einchecken ★ 146
die Einfahrt 138, 142
das Einfamilienhaus 14
einfügen 62
eingeben 62
eingeschneit 106
einkaufen 50, 74
einkaufen gehen 30
der Einkaufsbummel 50
der Einkaufskorb 50
die Einkaufstasche 50
der Einkaufswagen 50
der Einkaufszettel 50
einloggen ★ 62
einnisten 46
einpacken 50
einparken 138

die Eintagsfliege

sich einrichten 14
die Einrichtung 14
einsam 30
das Einschreiben 58
der Einsiedler 66
die Einsiedlerin
einsteigen 142
die Eintagsfliege 94
einzahlen 54
die Einzahlung 54
das Einzelkind 10
einziehen 14
das Eis 106, 118, 126
Eis essen 30
der Eisbär 106
der Eisberg 106
der Eisbrecher 106
die Eiscreme 42
die Eisdecke 106
die Eisdiele 30, 74
die Eisenbahn 134, 142
die Eisenbahnbrücke 142
die Eisenzeit 66
der Eisfuchs 106
die Eishalle 30
das Eishockey ★ 34
eisig 106
eiskalt 106, 126
der Eiskunstlauf 34
das Eismeer 106
der Eisprung 46
der Eisregen 106

Wörterliste

E

die Eisschmelze 106
die Eisscholle 106
der Eisvogel 94
die Eiswüste 106
der Eiszapfen 106
die Eiszeit 66, 106
die Eizelle 46
der Elch 106
der Elefant 110
der Elektriker 26
die Elektrikerin
elektrisch 114
die Elektrizität 114
das Elektrizitäts-
werk 114
der Elektrohandel 50
der Elektroherd 134
die Elektrolok 142
der Elektromotor 134
die Elemente 78
der Elfmeter 34
der Ellbogen 38
die Elle 36
die Eltern 10, 46
der Elternabend 22
die Elternzeit 26
die E-Mail ★ 58, 62
die E-Mail-
Adresse ★ 58, 62
der Embryo 46
das Emoticon ★ 62
empfangen 62
der Empfänger 58
das Endspiel 34
der Endspurt 34
der Energie-
verbrauch 130
der Enkel 10

die Enkelin 10
entbinden 46
die Entbindung 46
entdecken 66, 134
die Entdeckung 134
die Ente 86, 94
entladen 142
entlüften 122
sich entscheiden 50
die Entsorgung 130
entspannen 30
entwerten 142
entwickeln 134
die Entwicklung 46
entzünden 114
der Enzian 102
erben 10
die Erbschaft 10
die Erbse 42, 82
die Erdachse 78
das Erdbeben 78, 130
die Erde 78, 82
die Erd-
erwärmung 130
das Erdgeschoss 14
die Erdkruste 78
das Erdöl 110
die Erdöl-
industrie 106
der Erdrutsch 102, 130
der Erdteil 78
die Erektion 46
erfinden 66, 134
der Erfinder 134
die Erfinderin 134
erfinderisch 134
die Erfindung 134
erfrieren 106

erhitzen 114
sich erholen 30
die Erholung 82
die Erinnerung 10
erklären 22
die Erle 94
ermahnen 22
ernähren 18
die Ernährung 38
die Ernte 86
ernten 82, 86
erobern 66
erreichbar 58
erreichen 58
erschöpft 38
ersticken 114, 122
erwachsen 10, 46
der Erwachsene 10
erzählen 30
erziehen 10, 18

erklären

der Erzieher
die Erzieherin 26
die Erziehung 10
der Eskimo 106
essen 42
der Essig 42
das Esszimmer 14
die Eule 90
der Euro 54
der Eurocityzug ★ 142
Europa 78
evakuieren 130

Wörterliste

faulenzen

das ewige Eis 106
die Expedition 106
das Experiment 134
experimentieren 134
die Explosion 114, 130

E
F

die Fabrik 26
der Fächer 122
das Fachwerkhaus 14
die Fackel 70, 114
die Fahne 70
die Fahrbahn 138
die Fahrbahnmitte 138
die Fähre 98, 150
fahren 74, 138
der Fahrgast 142
die Fahrkarte 142
die Fahrkartenkontrolle 142
der Fahrkartenschalter 142
der Fahrplan 142
die Fahrplanauskunft 142
der Fahrpreis 142

das Fahrrad 74, 134, 138
Fahrrad fahren 30
der Fahrradweg 138
die Fahrrinne 150
die Fahrspur 138
die Fahrstrecke 142
der Fahrstuhl 14, 134
die Fährte 90
die Fahrtrichtung 138
das Fahrwerk 146
das Fahrzeug 138
fair ★ 34
die Fairness ★ 34
der Falaffel 40
der Falke 70
fällen 90
das Fallgatter 68
der Fallschirm 122, 134, 146
die Familie 10
das Familienfest 10
der Familienname 10
Fangen spielen 31
das Fangnetz 98
der Fanklub ★ 34
der Farn 90
fasten 42
das Fastfood ★ 42
die Fata Morgana 110, 122
fauchen 18
faulenzen 30
der Faustkeil 66
das Fax 58
faxen 58
die Faxnummer 58

der Fechtsport 34
die Fehde 70
der Feierabend 26
feiern 10, 30
der Feind 66
feindlich 66
das Feld 86
das Fell 18, 66, 106
der Fels 110
der Felsen 98, 102
felsig 102
die Felswand 102
die Felswüste 110
das Fenster 14, 62
die Ferien 22, 30
das Ferienhaus 14
das Fernglas 134
der Fernsehapparat 134
fernsehen 30
der Fernverkehr 142
die Fernwärme 114
die Ferse 38
das Fest 70
das Festmahl 70
die Festplatte 62
das Fett 42
feucht 94, 118, 126
das Feuer 66, 78, 114
die Feuerleiter 114
der Feuerlöscher 114
der Feuersalamander 94
der Feuerspucker 114
der Feuerstein 66, 114
die Feuerwehr 74, 114

Wörterliste

F

die Feuerwehrfrau
der Feuerwehrmann 114
die Feuerwehrübung 114
das Feuerwerk 114
das Feuerzeug 114
feurig 114
die Fichte 90
das Fieber 38
der Filzstift 134
die Finanzierung 54
finden 62
der Finger 38
der Fingerknochen 36
finster 90
die Firma 26
der Fisch 18, 42, 94, 98
fischen 98
der Fischer 96, 98, 106
die Fischerin 98
der Fischfang 106
der Fischkutter 98, 150
der Fischotter 94
der Fischreiher 94
der Fischschwarm 98
die Fitness ★ 34
der Fjord 106
flach 94
das Flachwasser 98
flackern 114
die Flagge 150
die Flamme 114
die Flaschenpost 58, 98

flattern 122
die Flaute 122, 150
die Flechte 106
die Fledermaus 86
das Fleisch 42
der Fleischfresser 110
die Fliege 16, 86
fliegen 18, 122, 146
der Fliegenpilz 90
das Fließband 26
fließen 94, 118
der Floh 16
das Floß 150
die Flöte 70
die Flotte 150
flüchten 110
der Flüchtling 130
die Flugangst 146
der Flugbegleiter 146
die Flugbegleiterin 146
der Flügel 18, 122
der Flughafen 146
der Fluglotse 146
die Fluglotsin 146
der Flugschreiber 146
der Flugsteig 146
das Flugticket ★ 146
das Flugzeug 134, 146
der Flugzeugabsturz 146
der Flur 14
der Fluss 78, 94, 118, 150

flussabwärts 94
flussaufwärts 94
das Flussbett 94
flüssig 118
der Flusskrebs 94
die Flussmündung 94
flüstern 22
die Flut 98
der Föhn 126
der Fonds 54
das Footballspiel ★ 34
der Förderkurs 22
die Forelle 94
das Format 62
formatieren 62
die Forscherecke 22
das Forschungslabor 134
die Forschungsstation 106
der Förster 90
die Försterin 90
die Forstwirtschaft 90
die Fortpflanzung 46
der Fortschritt 134
fortschrittlich 134
das Fossil 66
der Fotoapparat 134
der Fotokopierer 134
das Foul ★ 34
das Frachtflugzeug 146
das Frachtschiff 150
fragen 22
die Frau 46
die Freiarbeit 22
freigebig 54

der Fischschwarm

Wörterliste

 bei der Freundin übernachten

das Freizeichen 58
die Freizeit 26, 30
die Freizeit-
beschäftigung 30
der Freizeitpark 30
fressen 18, 110
der Fressnapf 18
der Freund 22, 46
beim Freund über-
nachten 30
die Freundin 22, 46
bei der Freundin über-
nachten 30
der Frieden 66
der Friedhof 74
frieren 38, 106, 126
frisch 118
der Frischling 90
der Frisör 26
die Frisörin
der Frosch 94
der Frost 106, 126
frostig 106, 126
die Frucht 82
fruchtbar 86
das Fruchtwasser 46
früher 66
die Frühgeburt 46
die Frühlingsrolle 40
das Frühstück 42
der Fuchs 90
der Fuchsbau 90
fühlen 38, 46
der Füller 22, 134

der Fund 66
der Funke 114
funken 58, 146
das Funkgerät 58
furchtlos 70
der Fürst 70
die Fürstin 70
der Fuß 38
Fußball
spielen 30
das Fußballspiel 34
der Fußboden 14
der Fußgänger 74, 138
die Fußgängerin 74, 138
die Fußgängerzone 74, 138
das Fußgelenk 36
das Futter 18
füttern 18, 46, 86
der Futterplatz 90

die Gabel 42
gackern 86
der Gameboy ★ 62
die Gämse 102
die Gans 86
das Gänse-
blümchen 80

die Garage 14
die Garderobe 14
die Gardine 14
die Garnele 98
der Garten 14, 82
die Gartenarbeit 82
die Gartenmöbel 82
die Gartenschere 82
der Gartenzwerg 82
der Gärtner 82
die Gärtnerei 50
die Gärtnerin 82
das Gas 114
gasförmig 118
die Gasheizung 114
die Gaslampe 114
die Gasmaske 114
die Gasse 74
das Gästezimmer 14
die Gaststätte 74
der Gaukler 70
die Gazelle 110
die Gebärden-
sprache 58
gebären 46
die Gebärmutter 46
das Gebirge 78, 102
gebirgig 102
das Gebiss 38
die Gebühren-
einheit 58
die Geburt 10, 46
der Geburtshelfer 46
der Geburtstag 10, 46
die Geburts-
urkunde 10
das Geduldsspiel 30
gefährlich 130

Wörterliste

gefroren

das Gefängnis 14
das Gefäß 66
das Gefieder 18
gefrieren 106, 118
der Gefrierpunkt 106, 118
gefroren 106
das Gefühl 46
der Gegenverkehr 138
das Gehalt 26
die Geheimzahl 54
gehen 38, 138
das Gehirn 38
der Gehweg 74, 138
der Geier 102, 110
der Geizhals 54
geizig 54
gelb 138
das Geld 50, 54
der Geldautomat 54
der Geldbeutel 50, 54
der Geldschein 54
das Geldstück 54
der Geldtransporter 54
der Geldumtausch 55
das Gemach 70
die Gemeinde 74
der Gemeinderat 74
das Gemüse 42, 86
das Gemüsebeet 82

gemütlich 14
die Generation 10
das Gepäck 142, 146
die Gepäckablage 142
der Gepäckwagen 142
der Gepard 110
geradeaus 138
der Geräteschuppen 82
geräumig 14
gerecht 22
das Gericht 74
das Geröll 102
die Geröllwüste 110
die Gerste 86
der Geruch 42
die Gesamtschule 22
der Gesang 70
das Geschäft 26, 50, 74
die Geschäftszeiten 50
geschickt 34
geschieden 10
das Geschlechtsorgan 46
der Geschlechtsverkehr 46
der Geschmack 42
die Geschwindigkeit 138
die Geschwister (Mz.) 8
der Geselle 24
das Gesellschaftsspiel 28

das Gesicht 36
das Gespräch 56
das Gestein 78, 102
gesund 38, 42
das Getränk 42
das Getreide 66, 86
das Gewächshaus 86
das Gewässer 118
der Gewässerschutz 130
die Gewerkschaft 26
das Gewicht 38
gewinnen 34
das Gewitter 126
das Gewürz 42
der Geysir 78, 118
die Gezeiten (Mz.) 78, 98, 150
der Giebel 14
gießen 82
die Gießkanne 82
das Gift 130
giftig 130
die Giftwolke 130
der Gipfel 102
das Gipfelkreuz 102
die Giraffe 110
das Girokonto 55
die Gischt 96
der Gladiator 66
das Glas 42
das Glatteis 126
das Gleis 142
gleiten 106, 122
der Gleitflug 146
der Gletscher 78, 102, 106
der Gletscherfloh 106

G

Wörterliste

G
H

die Gletscher-
spalte 102
das Glied 46
glimmen 114
gluckern 94
glühen 114
glühend heiß 110
das Glüh-
würmchen 114
die Glut 114
das Gnu 110
der Goldbarren 55

gluckern

die Gondel 102
die Götter (Mz.) 66
die Grabstätte 66
die Grafik 62
das Gramm 50
die Grannen (Mz.) 86
das Gras 82
grasen 86, 110
die Grassteppe 110
der Graupel 126
der Graureiher 94
die Griechen (Mz.) 66
der Grill 114
grillen 30, 82
der Großbrand 130
die Großeltern
(Mz.) 10
die Großfamilie 10
die Großmutter 10

der Großraum-
wagen 142
die Großstadt 74
der Großvater 10
grün 138
die Grundschule 22
das Grundwasser 118
grunzen 86
die Gruppenarbeit 22
das Gulasch 40
die Gülle 86
der Gummireifen 134
die Gurke 42
das Gürteltier 110
der Güterbahnhof 142
der Güterzug 142
der Gutschein 50
die Gutschrift 55
das Gymnasium 22
die Gymnastik 34
der Gynäkologe 46
die Gynäkologin 46

das Haar 38
das Haben 55
die Hacke 82
hacken 82
der Hacker ★ 62
der Hafen 98, 150

der Hafer 86
der Hagel 126
hageln 126
der Hahn 86
der Hai 98
der Halbbruder 10
die Halbinsel 98
die Halbschwester 10
die Halbwüste 110
die Hallig 98
die Halogen-
lampe 112
der Hals 38
das Halsband 18
der Halswirbel 36
die Haltestelle
74, 138, 142
der Hamster 18
die Hand 38
die Handarbeit 26
das Handballspiel 34
der Handel 26, 50, 66
handeln 26, 50
der Händler 27
die Händlerin
der Hand-
werker 27, 70
die Handwerkerin
das Handy 58
die Hängematte 30
hänseln 22
die Hardware ★ 62
der Harnisch 70
die Harpune 106
der Hauch 122
hauchen 122
die Hauptschule 22
das Haus 74

die Hausaufgaben (Mz.) 22
die Hausfrau 27
das Haushaltsgeld 55
der Hausmann
der Hausmeister 14, 22
die Hausmeisterin
die Hausnummer 14
die Hausordnung 14
das Haustier 18
die Haut 38
die Havarie 150
die Hebamme 46
der Hecht 94
das Heck 150
die Hecke 82
das Heer 66
das Heft 22
das Heiligtum 66
das Heimtier 18
das Heimweh 10
heiraten 10
heiß 42, 110, 114, 126
der Heißluftballon 122, 146
heiter 126
heizen 114
die Heizung 14
der Helfer 130
die Helferin 130
hell 114
der Helm 70
die Helmpflicht 138
der Herd 114
die Herde 66, 106, 110
der Hering 98

das Hermelin 106
herrschen 66
der Herrscher 66
die Herrscherin
herstellen 27
herumstreunen 18
herunterfahren 62
herunterladen 62
das Herz 38
das Herzklopfen 46
hetzen 110
das Heu 18, 86
die Hieroglyphen (Mz.) 66
die Hilfsorganisation 130
die Himmelsrichtung 78, 126
das Hindernis 34
der Hirsch 90
der Hirschkäfer 90
die Hirschkuh 90
der Hirte 110
die Hitze 110, 114, 126
hitzefrei 22
das Hobby ★ 30
der Hobbyraum ★ 14
hoch 102
der Hochbehälter 118
der Hochdruck 122
das Hochgebirge 102
der Hochgeschwindigkeitszug 142
das Hochhaus 14, 74
das Hochland 78
der Hochsitz 90

der Hirschkäfer

der Hochsprung 34
das Hochwasser 94, 130
die Hochzeit 10
der Hoden 46
der Hofladen 86
die Höhenangst 102
der Höhenmesser 146
die Höhle 14, 18, 66, 78, 102
die Höhlenmalerei 66
das Holz 90, 114
die Holzkohle 114
die Homepage ★ 62
homosexuell 46
der Honig 42
hören 38
das Hotel 14, 74
der Hubschrauber 146
das Huhn 86
die Hummel 82
der Hummer 98
der Hund 18, 86
den Hund ausführen 30
die Hundehütte 18
der Hundekuchen 18
die Hunderasse 18
der Hundeschlitten 106
die Hundeschule 18
die Hündin 18
der Hunger 42, 130
hungrig 42
hupen 138

Wörterliste

der Hurrikan 122
der Husky ★ 106
der Husten 38
die Hütte 14, 66
die Hyäne 110
der Hydrant 114
die Hygiene 130
die Hypothek 55

der ICE 142
der Igel 82
das Iglu 14, 106
der Imker 24
die Imkerin
impfen 18
die Impfung 38
die Indianer (Mz.) 66
die Industrie 27, 134
der Informatiker
die Informatikerin 27
die Information 58, 62
der Informationsschalter 142
die Informationstafel 142
informieren 58
die Inkas (Mz.) 67

die Inliner (Mz.) ★ 34
Inliner fahren ★ 30
das Insekt 94
die Insel 78, 98
der Installateur 27
die Installateurin
installieren 62
die Integrationsklasse 22
das Internet ★ 58, 62
im Internet surfen ★ 30
die Internetadresse ★ 62
der Interregiozug 142
die Inuit (Mz.) 107
der ISDN-Anschluss 62

die Jacht 150
die Jagd 70
der Jagdtrieb 18
jagen 67, 110, 90
der Jäger 67, 90
die Jägerin 90
die Jahreszeit 78, 126
jäten 82
die Jauche 86
jaulen 18

Junge werfen

der Job ★ 27
jodeln 102
joggen ★ 30, 34
der Jogurt 42
der Jongleur 70
der Journalist
die Journalistin 27
der Joystick ★ 62
das Judo 34
die Jugendfreizeit 30
die Jugendgruppe 30
die Jugendherberge 14, 74
der Jumbojet ★ 146
jung 10
das Junge 18, 46
der Junge 46
Junge werfen 18
die Jungfernfahrt 150
der Jupiter 78

das Kabel 58, 62
der Kabeljau 98
der Kadaver 110
der Käfer 82
die Kaffeemaschine 134

166

Wörterliste

der Käfig 18
kahl 90, 102
der Kahlschlag 90
der Kahn 150
der Kai 150
der Kaiser 67
die Kaiserin 67
der Kajak 150, 107
die Kajüte 150
der Kakao 42
die Kakerlake 16
der Kaktus 110
das Kalb 86
kalt 126, 107
die Kälte 126, 107
die Kaltluft 122
das Kamel 110
die Kamera 134
der Kamin 14, 114
der Kampf 70
kämpfen 70
kämpferisch 70
der Kanal 118
die Kanalisation 74, 118
die Kanalratte 74
der Kanarienvogel 18
das Känguru 110
die Kantine 27
das Kanu 150
die Kapelle 68
der Kapitän 98, 150
die Kapitänin
das Karate 34
die Karawane 110
karg 110
die Karotte 42, 82

der Karpfen 94
Karten spielen 30
das Kartentelefon 58
die Kartoffel 42, 86
der Käse 42
die Kasse 50, 55
der Kassenzettel 50
kassieren 50
der Kassierer 50
die Kassiererin 50
die Kastanie 90
kastrieren 18
der Katalog 50
die Katastrophe 130
der Kater 18
die Katze 18, 86
kauen 42
kaufen 50
das Kaufhaus 50, 74
die Kaulquappe 94
der Keil 67
keimen 82, 86
die Kelle 143
der Keller 14
die Kelten 67
die Kemenate 70
kentern 150
die Keramik 67
die Kernkraft 130
das Kerosin 146
die Kerze 115
der Kescher 94
das Ketschup ★ 42
das Kettenhemd 70
kichern 30
kicken ★ 30
die Kiefer 90
der Kiel 150

der Kienspan 112
das Kilo 50
das Kind 10
der Kindergarten 74
der Kindergeburtstag 30
das Kindergeld 10
kinderlos 10
kinderreich 11
der Kindersitz 138
der Kinderwagen 46
das Kinderzimmer 14
die Kindheit 11
das Kinn 38
das Kino 74, 134
ins Kino gehen 30
der Kiosk 50, 74, 143
die Kirche 74

kinderreich

der Kirschbaum 82
die Kirsche 42
das Kitz 90
die Kiwi 42
kläffen 18
klar 94, 118, 126
die Kläranlage 74, 118
das Klärbecken 118
die Klasse 22
die Klassenarbeit 22
der Klassendienst 22
die Klassenfahrt 22

Wörterliste

der Klassenrat 22
der Klassensprecher 22
die Klassensprecherin 22
das Klassenzimmer 22
der Klatschmohn 86
der Klebstoff 22
die Kleidermotte 16
klein 46
die Kleinfamilie 11
das Kleingeld 55
die Kleinstadt 75
klettern 30, 34, 90, 102
die Kletterpflanze 82
der Klettersteig 102
das Klima 78
die Klimakonferenz 130
der Klimaschutz 130
die Klimaveränderung 130
die Klimazone 78
klingeln 58
die Klippe 98
das Kloster 67
knacken 90
der Knappe 70
knarren 90
der Knecht 70
die Kniescheibe 36
der Knochen 38
der Knochenbruch 38
die Knolle 82
die Knospe 82
der Knoten 150

kondensieren

knurren 18
der Kobel 90
der Koch 24
kochen 118
die Köchin
der Kohl 86
die Kohle 115
der Kollege 27
die Kollegin
die Kombüse 150
der Komet 78
die Kommandobrücke 150
der Kompass 78
der Kompost 82, 86
kondensieren 118
der Kondensstreifen 146
das Kondom 46
der König 67
die Königin 67
konstruieren 134
der Kontinent 78
das Konto 55
der Kontoauszug 55
die Kontonummer 55
der Kontostand 55
die Kontrollinstrumente (Mz.) 146
der Kontrollturm 146
der Konzertsaal 75
der Kopf 38

die Kopie 22
kopieren 62
der Kopilot 146
die Kopilotin 146
das Korallenriff 98
der Korb 18
das Korn 86
die Kornblume 87
der Körper 38
die Körperpflege 38
der Kosmonaut 78
die Kosmonautin 78
kosten 50
die Krabbe 98
kräftig 38
der Krake 98
der Kran 134
krank 38
das Krankenhaus 38, 75
der Krankenpfleger 27, 38
die Krankenschwester 27, 37
die Krankheit 38
kratzen 18
die Kräuter 82
der Krebs 98
der Kredit 55
die Kreditkarte 55
die Kreide 22
der Kreißsaal 46
die Kreuzfahrt 150
die Kreuzung 18, 75, 138
der Kreuzzug 70
kriechen 90, 94
der Krieg 67, 70

Wörterliste

der Krieger 67
das Kriegsschiff 150
die Kröte 94
die Kröten-
wanderung 94
die Küche 14
der Kuckuck 91
die Kuh 87
kühl 91, 126
der Kühlschrank 134
der Kühlwagen 143
das Küken 94
die Kultur 67
sich kümmern 11
der Kunde 50
die Kunden-
beratung 55
kündigen 27
die Kundin 50
das Kunstturnen 34
die Kurbel 134
der Kürbis 82
der Kurier 58
der Kurierdienst 58
die Kurve 138
kuscheln 46
der Kuss 46
küssen 30, 47
die Küste 78, 98, 150
die Küstensee-
schwalbe 107
die Küstenwacht
98, 150
die Kutsche 138

kündigen

das Labor 134
lachen 22, 30, 38
der Ladendetektiv 50
die Laden-
detektivin 50
der Ladendieb 50
die Ladendiebin 50
der Ladentisch 50
die Ladung 143, 150
das Lagerfeuer 115
der Laich 94
laichen 94
die Lampe 14, 115
das Land 78
die Landebahn 146
landen 146
die Landschaft 78
die Landstraße 138
die Landung 146
der Landwirt 87
die Landwirtin 87
die Land-
wirtschaft 87
der Längengrad 78
die Langeweile 31
langsam 138
sich langweilen 22, 31
langweilig 31
die Lanze 67, 70
der Laptop ★ 63
die Lärche 91

der Lärm 75
die Larve 94
der Laser ★ 134
der Laserstrahl ★ 115
das Last-Minute-
Angebot ★ 146
die Lastschrift 55
das Laub 91
der Laubhaufen 82
der Laubwald 91
lauern 110
laufen 34
läufig 18
das Laufwerk 63
laut 75
die Laute 70
der Lautsprecher
63, 143
die Lawine 102, 130
die Lawinen-
gefahr 102
der Lawinensuch-
hund 103
lebens-
gefährlich 130
die Lebensmittel-
motte 16
das Lebewesen 19
das Leck 150
lecken 19
lecker 42
ledig 11
die Legebatterie 87
die Legehenne 87
die Lehmhütte 110
der Lehrer 22, 27
die Lehrerin 22
das Lehrerzimmer 22

K
L

169

Wörterliste

die Litfaßsäule

die Leichtathletik 34
die Leiter 82
der Lemming 107
lenken 138
der Leopard 110
lernen 22, 27
der Lerngang 22
die Leseecke 22
lesen 22, 31, 58
das Lesezeichen 63
leuchten 115
das Leuchtfeuer 58, 115
die Leuchtstoffröhre 115
der Leuchtturm 98, 115, 150
die Libelle 94
der Lichtstrahl 115
die Lichtung 91
die Liebe 47
lieben 47
sich lieben 11
die Lieblingsspeise 42
liegen 39
der Liegewagen 143
der Linienflug 146
der Link ★ 63
links 138
der Linksabbieger 138

die Linse 134
der Liter 50
die Litfaßsäule 75
der Lkw 138
der Lkw-Fahrer
die Lkw-Fahrerin 24
lodern 115
der Löffel 42
das Logbuch ★ 150
der Lohn 27
die Lokomotive 143
löschen 63, 115
das Löschfahrzeug 115, 130
der Lotse 150
die Lotsin 150
der Löwe 110
der Löwenzahn 80
die Luft 78, 122
der Luftantrieb 122
der Luftballon 122
das Luftbläschen 122
die Luftbrücke 122
das Lüftchen 122
luftdicht 122
luftdurchlässig 122
lüften 122
die Luftfahrt 122
die Luftfederung 122
die Luftfeuchtigkeit 122
der Luftfilter 122
luftgetrocknet 122
die Lufthülle 122
luftig 122
der Luftikus 122

das Luftkissenboot 122, 150
die Luftkühlung 122
der Luftkurort 122
luftleer 122
das Luftloch 122, 146
der Luftmangel 122
die Luftmatratze 123
der Luftpirat 123
die Luftpiratin
die Luftpost 58, 123
die Luftpumpe 123
die Luftröhre 123
die Luftschicht 123
das Luftschiff 146
die Luftschlange 123
das Luftschloss 123
die Luftspiegelung 110, 123
der Luftsprung 123

lüften

der Luftstrom 123
die Lufttemperatur 123
die Lüftung 123
die Luftverschmutzung 123, 130
der Luftwiderstand 123
der Luftzug 123
die Lunge 39, 123
die Lupe 92

Wörterliste

das Mädchen 47
die Magd 70
der Magen 39
der Mähdrescher 87
mähen 87
die Mailbox ★ 59, 63
mailen ★ 59, 63
der Mais 87
malen 22, 27, 31
der Maler 27
die Malerin
das Mammut 67
der Manager ★
die Managerin ★ 27
die Mandarine 42
der Mann 47
das Männchen 19
männlich 47
die Mannschaft
34, 150
das Mäppchen 22
der Marabu 110
der Marder 91
die Margerite 80
die Marke 50
markieren 63
der Markt 50
die Marmelade 42
der Mars 78
die Maschine 134
maschinell 134

die Masern (Mz.) 39
die Massen-
tierhaltung 130
der Massen-
tourismus ★ 130
der Mast 150
mästen 87
die Mathematik 134
der Matrose 151
der Maulkorb 19
der Maulwurf 82
der Maurer 27
die Maus 16, 63, 82, 87
mausern 19
das Mauspad ★ 63
die Mayas (Mz.) 67
der Mechaniker 146
die Mechanikerin
27, 146
die Medaille 34
das Medikament 39
das Meer 79, 98, 118
der Meeresgrund 98
das Meeres-
leuchten 98
das Meeres-
ungeheuer 98
das Meer-
schweinchen 19
das Mehrfamilien-
haus 14
die Meise 83

die Massentierhaltung

der Meister 27
die Meisterin
die Meisterschaft 34
sich melden 22
melken 87
die Melkmaschine 87
die Melone 43
Memory
spielen 31
der Mensch 79
die Menstruation 47
die Menüleiste 63
der Merkur 79
messen 34
das Messer 43
der Meteorit 79
der Meteorologe 126
die Meteorologin 126
der Meter 51
der Metzger 27
die Metzgerei 51
die Metzgerin
die Meute 110
die Miete 14
mieten 14
der Mietvertrag 14
die Mietwohnung 14
der Mikrochip ★ 135
das Mikrofon ★ 63
das Mikroskop 135
die Milch 43, 87
die Milchkuh 87
die Milchstraße 79
mild 126
der Millionär 55
die Millionärin
das Mineralwasser
43, 118

171

Wörterliste

der Minnesänger 70
der Mischling 19
der Mischwald 91
der Mist 87
die Mistgabel 87
der Mistral 123
miteinander schlafen 47
mitspielen 31
der Mitspieler 31, 33
die Mitspielerin 31
das Mittagessen 43
das Mittelalter 67, 70
mittelalterlich 71
Mittelamerika 79
der Mittelstreifen 138
die Mitternachtssonne 107
die Möbel 15
das Möbelhaus 51
möbliert 15
die Modelleisenbahn 143
das Modem ★ 63
der Moder 94
das Moderlieschen 95
modernisieren 135
das Mofa 138
der Molch 95
die Mole 151
die Monatsblutung 47
der Mönch 71
der Mond 79
die Mondfinsternis 79
der Monitor ★ 63
das Moor 95, 118
moorig 95

morsch

das Moos 91, 107
der Morgenkreis 23
der Morgenstern 71
morsch 91
das Morsealphabet 59
morsen 59, 151
der Motor 135, 138
das Motorboot 151
das Motorflugzeug 146
das Motorrad 138
der Motorroller 139
die Motorsäge 91
der Motorschlitten 107
der Motorsport 34
die Möwe 98
das MP3-Format 63
die Mücke 16, 95
müde 39
die Mühle 135
der Müll 130
die Müllabfuhr 75
die Müllfrau 15
die Müllhalde 130
der Müllmann 27
die Mülltrennung 130
die Müllverbrennung 130
die Mumie 67
der Mumps 39

der Mund 39
der Mundschenk 71
die Münze 55
das Murmeltier 103
die Muschel 98
das Museum 31, 75
Musik hören 31
der Musikant 71
die Musikantin
die Musikschule 31
musizieren 31
der Muskel 39
das Müsli 43
der Mut 71
mutig 71
die Mutter 11, 47
der Mutterkuchen 47
der Mutterschutz 27

die Nabelschnur 47
der Nachbar 15
die Nachbarin 15
die Nachbarschaft 15
das Nachbeben 130
die Nachricht 59
der Nachrichtensatellit 59
die Nacht 79
der Nachtisch 43

nackt 39
der Nadelwald 91
nagen 19
der Nahverkehr 143
der Narr 71
naschen 43
die Nase 39
das Nashorn 110
nass 98, 118, 126
nasskalt 126
der Nationalpark 110, 130
die Natur 130
das Naturgesetz 135
der Naturschutz 130
der Naturschützer 130
die Naturschützerin 131
das Naturschutzgebiet 131
die Navigationsinstrumente (Mz.) 151
der Neandertaler 67
der Nebel 126
das Nebelhorn 151
neblig 126
der Neffe 11
die Neonröhre 112
der Neptun 79
das Nest 83, 91
das Netz 51
neu 135
der Neubau 15
das Neubaugebiet 15
das Neugeborene 47
neugierig 135

der Neumond 79
der Neustart 63
die Neuzeit 67
die Nichte 11
der Niederschlag 118, 126, 111
die Niere 39
nieseln 126
der Nieselregen 126
das Nilpferd 111
der Nistplatz 95
der Nobelpreis 135
der Nomade 111
die Nonne 71
Nordamerika 79
der Norden 79
die Nordhalbkugel 76
das Nordkap 107
der Nordpol 79, 107
die Not 131
die Notbremsung 143
die Note 23
das Notebook ★ 63
die Notlandung 146
der Notruf 59, 131
die Notrufsäule 59, 139
die Notunterkunft 131
die Nudel 43

die Notbremsung

die Oase 111
obdachlos 131
der Oberarmknochen 36
die Oberleitung 143
der Oberschenkelknochen 36
das Obst 43, 87
öde 111
der Ofen 115
offline ★ 63
das Ohr 39
das Ökoprodukt 43
das Öl 43, 115
die Ölheizung 115
die Öllampe 115
die Ölpest 98, 131
der Ölteppich 99, 131
die Olympischen Spiele (Mz.) 34
die Oma 11
der Onkel 11
online ★ 63
das Onlinebanking ★ 55
der Opa 11
die Opfer 131
die Orange 43
der Ordner 63
das Organ 39
der Orkan 123, 126

Wörterliste

die Orkanbö 107
der Osten 79
der Overhead-
projektor ★ 23
der Ozean 79, 99
der Ozeanriese 151
das Ozonloch 131
die Ozonschicht
79, 131

paaren 19
die Paarungszeit 91
das Päckchen 59
das Packeis 107
paddeln 151
die Paella 40
der Page 71
das Paket 59
der Paketdienst 59
der Palas 68
der Palast 67
die Palme 111
die Panne 139
der Papagei 19
das Papier 135
der Papierflieger 123
die Pappel 95
der Paprika 43
der Park 75, 82

die Parkbank 15
parken 139
das Parkhaus 75, 139
der Parkplatz 75, 139
die Parkuhr 75
die Partnerarbeit 23
die Party ★ 31
der Pass 103
die Passage 75
der Passagier 146
das Passagier-
flugzeug 146
die Passagierin
das Passagier-
schiff 151
die Passkontrolle 147
das Passwort 55, 63
das Patent 135
das Patentamt 135
patentieren 135
die Pause 23
das Pausenbrot 23
der PC ★ 63
die Pechnase 68
der Pendler 143
die Pendlerin 143
der Penis 39, 47
der Personenzug 143
die Pestizide
(Mz.) 131
die Petrischale 92
die Petroleum-
lampe 115
petzen 23
der Pfahlbau 15, 67
das Pfand 51
der Pfeffer 43

die Pfeife 143
pfeifen
34, 123, 126, 143
der Pfeil 67, 71, 123
das Pferd 71, 87
der Pfiff 143
die Pflanze 79
pflanzen 83
der Pflanzen-
fresser 111
das Pflanzenschutz-
mittel 87
die Pflaume 43
pflegen 19, 27
pflücken 87
der Pflug 67, 87
pflügen 87
die Pfote 19
das Pfund 51
die Pfütze 118
der Pharao 67
die Physik 135
der Pickel 39, 103
picken 19
das Picknick 31
picknicken 31
piepsen 19
die Pille 47
der Pilot 147
die Pilotin 147
der Pilz 91
Pilze suchen 91
der Pinguin 109
die Pinzette 94
die Pipeline ★ 107
der Pirat 151
die Piratin 151
die Pizza 43

die Passkontrolle

Wörterliste

die Pizzeria 75
der Pkw 139
das Plakat 75
der Planet 79
das Plankton 95, 99, 107
plätschern 95, 118
der Platz 75
die Platz-
reservierung 143
plaudern 31
die Playstation ★ 63
pleite 55
plündern 67, 71
die Plünderung 71
der Pluto 79
der Po 39
der Pokal 34
der Pol 107
der Polarforscher 107
die Polar-
forscherin 107
der Polarkreis 107
das Polarlicht 107
das Polarmeer 107
die Polarnacht 107
der Politiker 27
die Politikerin
die Polizei 75
die Polizeiwache 75
der Polizist 27
die Polizistin
die Pommes frites
(Mz.) 43
das Porto 59
das Porzellan 135
die Post 59, 75
das Postamt 59

das Postfach 59
die Postkarte 59
die Postkutsche 59
die Postleitzahl 59
der Postschalter 59
der Poststempel 59
praktisch 15, 135
die Praxis 27
der Preis 51
der Preisnachlass 51
das Preisschild 51
der Preisvergleich 51
preiswert 51
der Priel 99
produzieren 27
der Profi 34
das Programm 63
program-
mieren 63
das Projekt 23
der Propeller 147
der Provider ★ 59, 63
das Prozent 55
die Pubertät 47
der Pudding ★ 43
das Pult 23
der Pulverschnee 103
die Pumpe 118, 135
pumpen 118
pünktlich 23, 143
die Punktwertung 34
die Puppe 31
pupsen 123
pusten 123
die Pute 87
sich putzen 19
das Puzzle ★ 31
die Pyramide 67

quaken 95
die Qualle 99
der Qualm 115
qualmen 115
der Quark 43
die Quelle 118, 95
das Quellwasser 118
die Quittung 51

der Rabatt 51
das Rad 67, 135
das Radar 135
der Radarschirm 147
der Raddampfer 151
der Radfahrer 75, 139
die Radfahrerin 75, 139
das Radieschen 83
das Radio 135
der Radrennsport 34
die Radtour 31
der Radweg 75

175

Wörterliste

das Rauchzeichen

die Rakete 79, 135, 147
das Raketenflugzeug 147
der Rangierbahnhof 143
rangieren 143
die Rangierlok 143
der Raps 87
rascheln 91
der Rasen 83
rasen 139
der Rasenmäher 83
der Rasensprenger 83
die Rate 51, 55
die Ratenzahlung 55
das Rathaus 75
rationalisieren 135
die Ratte 19, 95
rattern 143
der Raub 71
rauben 71
der Raubfisch 95
die Raubkatze 111
der Raubritter 71
das Raubtier 111
der Rauch 115
rauchen 115
der Rauchmelder 115
die Rauchvergiftung 115
die Rauchwolke 115

das Rauchzeichen 59
der Raumanzug 147
die Raumfähre 147
die Raumfahrt 147
das Raumfahrzeug 79
die Raumkapsel 147
das Raumschiff 147
die Raumsonde 76
die Raumstation 79, 147
der Räumungsverkauf 51
die Raupe 83
der Raureif 126
die Realschule 23
der Rechen 83
rechnen 23
die Rechnung 51
rechts 139
der Rechtsabbieger 139
der Rechtsanwalt
die Rechtsanwältin 27
recyceln ★ 131
das Recycling ★ 131
reduzieren 51
die Reederei 150
die Reflektoren (Mz.) 139
das Reformhaus 51
das Regal 15
die Regatta 151
Regeln vereinbaren 23
der Regen 79, 126
der Regenbogen 126

die Regenkleidung 126
der Regenschirm 126
die Regentonne 83, 118
der Regentropfen 126
der Regenwald 79
das Regenwasser 118
der Regenwurm 83
regnen 126
regnerisch 1263
das Reh 91
der Rehbock 91
reich 55
der Reichtum 55, 131
reif 83, 87
das Reihenhaus 15
die Reinigung 51
der Reis 43
das Reisezentrum 143
der Reißverschluss 135
reiten 31, 71
der Reitsport 34
der Reitweg 88
die Reklamation 51
reklamieren 51
der Rektor 23
die Rektorin 23
die Reling 151
die Rendite 55
rennen 34
die Rennmaus 19
renovieren 15
die Rente 27
das Rentier 107
der Rentner 27
die Rentnerin

Wörterliste

	reparieren 27
die	Resettaste ⋆ 63
das	Restaurant 75
	retten 151
das	Rettungsboot 99, 151
der	Rettungseinsatz 131
der	Rettungsring 151
das	Revier 19, 111
der	Richter 27
die	Richterin
die	Richterskala 131
	riechen 39
das	Riff 99
das	Rind 87
die	Rinde 91
die	Ringelnatter 95
die	Ringmauer 68
	rinnen 118
das	Rinnsal 118
die	Rippe 36
der	Ritter 67, 71
	ritterlich 71
die	Ritterlichkeit 71
der	Ritterschlag 71
der	Rittersporn 80
die	Robbe 107
der	Roboter 135
	roden 91, 131
der	Roggen 87
das	Rollfeld 147
der	Rollstuhlmarathon 34
die	Römer (Mz.) 67
die	Röntgenstrahlen (Mz.) 135
die	Rose 80

	rot 139
	rot werden 47
die	Röteln 39
das	Rotkehlchen 83
der	Rücken 39
der	Rucksack 103
	rücksichtslos 139
	rücksichtsvoll 139
der	Rückstoß 147
der	Rüde 19
das	Rudel 111
das	Rudeltier 19
das	Ruder 151
das	Ruderboot 151
	rudern 34, 151
das	Rugbyspiel ⋆ 35
das	Rührgerät 135
die	Ruine 67
der	Rumpf 151
der	Ruß 115
	rußen 115
die	Rüstung 71

die	Saat 87
die	Saatkrähe 87
	säen 83, 87
die	Safari 111
der	Saft 43
die	Sahne 43

der	Salat 43, 83
das	Salz 43
	salzig 43, 99
das	Salzwasser 99, 118
die	Sämaschine 87
der	Samen 47, 83
	sammeln 31
der	Sammler 67

die S-Bahn

der	Sand 99
die	Sandbank 99
die	Sanddüne 111
	sandig 99, 111
der	Sandkasten 83
der	Sandsturm 111
die	Sandwüste 111
der	Sarkophag 67
der	Satellit 79, 135, 147
	satt 43
der	Saturn 79
	sauber 39, 95, 118
	sauer 43
der	Sauerstoff 118, 123
die	Sauerstoffmaske 147
	saugen 19
das	Säugetier 19
der	Säugling 47
der	saure Regen 91, 131
der	Saurier 67
	säuseln 123
die	S-Bahn 75, 143

177

Wörterliste

das Schiffswrack

scannen ★ 63
der Scanner ★ 63
Schach spielen 31
der Schädel 36
schädlich 131
der Schädling 87
der Schadstoff 131
das Schaf 67, 87
der Schakal 111
der Schall 123
der Schalter 55
die Schamlippe 47
scharf 43
scharren 19
der Schaschlik 40
der Schatten 111
schattig 91
der Schauer 126
die Schaufel 83
das Schaufenster 51, 75
die Schaukel 83
die Schaumlöschmittel 115
der Scheck 55
die Scheckkarte 55
die Scheide 39, 47
sich scheiden lassen 11
die Scheidung 11
scheinen 115, 126
die Schere 23

scheu 19, 111
die Scheune 87
schicken 59
der Schiedsrichter 35
die Schiedsrichterin 35
das Schienbein 36
die Schiene 143
das Schienenfahrzeug 143
schießen 71
das Schießpulver 115, 135
die Schießscharte 68
das Schiff 99, 135, 151
die Schifffahrt 151
der Schiffbrüchige 151
die Schiffbrüchige 151
die Schiffsschraube 151
das Schiffswrack 99
der Schild 71
das Schilf 95
der Schirokko 123
die Schlacht 71
schlafen 39
das Schlafhäuschen 19
der Schlafwagen 143
das Schlafzimmer 15
schlagen 71
der Schlamm 95, 118
die Schlammlawine 131
die Schlange 111

Schlange stehen 51
schlank 39
das Schlaraffenland 43
der Schlauch 83, 115
das Schlauchboot 125, 151
schlendern 75
schleppen 151
die Schleuder 67
der Schleudersitz 147
die Schleuse 151
der Schlick 99
das Schließfach 55, 143
schlingen 43
die Schlingpflanze 95
der Schlitten 107
Schlitten fahren 103
der Schlittenhund 107
Schlittschuh laufen 31
das Schloss 67
die Schlucht 103
der Schlussverkauf 51
schmatzen 43
schmecken 39, 43
schmelzen 115
der Schmelzofen 115
das Schmelzwasser 107
der Schmerz 39
der Schmetterling 83
der Schmied 71
die Schmiedin

Wörterliste

schmusen 47
schmutzig 119
der Schnabel 19
das Schnäppchen 51
schnattern 87, 95
die Schnauze 19
die Schnecke 83, 95
der Schnee 103, 107, 126
schneebedeckt 103
die Schneeeule 107
die Schneeflocke 126
der Schneefuchs 107
die Schneegans 107
das Schneegestöber 127
die Schneegrenze 103
der Schneehase 107
das Schneehuhn 107
das Schneemobil 103
die Schneeraupe 107
die Schneeschmelze 103
der Schneesturm 103, 107, 127
das Schneetreiben 127
die Schneewehe 107
schneeweiß 107
schneiden 83
der Schneider
die Schneiderin 27
schneien 127
schnell 135, 139
der Schnellimbiss 75
die Schnellstraße 139

schnüffeln 19
der Schnupfen 39
schnurren 19
die Schokolade 43
die Schonung 91
der Schrank 15
das Schraubglas 92
schreiben 23, 59
das Schreibwarengeschäft 51
der Schreiner 27
die Schreinerin
die Schrift 59
die Schrifttypen (Mz.) 63
das Schriftzeichen 67
schroff 103
die Schubkarre 83
schüchtern 23
schuften 27
der Schulabschluss 27
die Schulangst 23
das Schulbuch 23
der Schulbus 23
die Schulden (Mz.) 55
schuldenfrei 55
die Schule 23, 75
der Schüler 23
die Schülerbücherei 23
die Schülerin 23
das Schulfest 23
schulfrei 23
der Schulhof 23
die Schulklingel 23
die Schultasche 23

die Schulter 39
das Schultergelenk 34
die Schultüte 23
schummeln 23
die Schüssel 43
schütten 127
der Schutzanzug 115
schwach 39
der Schwager 11
die Schwägerin 11
die Schwalbe 87
der Schwan 95
schwanger 47
die Schwangerschaft 47
die Schwangerschaftsgymnastik 47
der Schwanz 19
schwarz
schwätzen 23

schwätzen

die Schwebebahn 143
schweben 123, 147
das Schwein 87
schwerelos 147
die Schwerelosigkeit 79
die Schwerkraft 79
das Schwert 67, 71
die Schwertlilie 95
die Schwester 11
die Schwiegermutter 11
der Schwiegervater 11
das Schwimmbad 31, 75

Wörterliste

schwimmen 31, 35, 95, 99, 119
die Schwimmhalle 35
der Schwimm-
reifen 123
die Schwimmweste 99, 147, 151
schwindelfrei 103
schwindelig 103
schwindeln 23
schwirren 95
schwitzen 35, 39, 103, 127
schwül 127
der See 79, 95, 119, 151
der Seehund 99
der Seeigel 99
seekrank 151
der Seemann 99, 151
der Seemanns-
knoten 151
die Seemeile 151
die Seenot 99, 151
das Seepferdchen 99
die Seerose 95
die Seeschwalbe 99
der Seestern 99
der Seewind 123
das Segel 151
das Segelboot 99
das Segel-
flugzeug 147
segeln 35, 99, 123, 151
das Segelschiff 151
sehen 39
die Sehenswürdig-
keit 75

die Sehne 39
seicht 99
das Seil 103
die Seilbahn 103
die Seilwinde 135
der Sekretär
die Sekretärin 27
die Selbst-
bedienung 51
senden 59
die Sendung 59
der Senf 43
sengende
Hitze 111
das Seniorenheim 15
senkrecht 103
die Sense 87
die Serpentine 103
der Server ∗ 63
die Serviette 43
der Sessel 15
der Sessellift 103
sesshaft 67
die Seuche 131
der Sex ∗ 47
sicher 139
die Sicherheit 103
der Sicherheits-
abstand 139
der Sicherheitsgurt 139, 147
die Sicherheits-
kopie 63
sichern 63, 103
der Siedepunkt 119
die Siedlung 15, 67
das Siegel 71
siegen 35

schwindelfrei

der Sieger 35
die Siegerehrung 35
die Siegerin 35
das Signal 143
das Silber-
fischchen 16
das Silo 87
singen 23
der Single ∗ 11
sinken 99, 119, 147, 151
die Sippe 67
der Sitzplatz 143
skaten ∗ 31
der Skater ∗ 139
der Ski 107
Ski fahren 103
der Skilift 103
die Skipiste 103
die Skischule 103
der Skisport 35
das Skispringen 103
der Sklave 67
die Sklavin
der Skorpion 111
der Smog ∗ 123
die SMS 59
Snowboard
fahren ∗ 103
das Sofa 15

S

180

Wörterliste

die Software ★ 63
der Sohn 11
das Soll 55
sommerlich 127
das Sonderangebot 51
die Sondermarke 59
der Sondermüll 131
die Sonne 79, 111, 127
der Sonnenbrand 127
die Sonnenenergie 115, 131
die Sonnenfinsternis 79
der Sonnenschein 127
der Sonnenschutz 127
das Sonnensystem 79
sonnig 111, 127
sich sorgen 11
das Sorgerecht 11
sortieren 51
SOS 151
die Soße 43
die Sozialhilfe 27
der Spaceshuttle ★ 147
spannend 23, 35
das Sparbuch 55
die Sparkasse 55
das Sparkonto 55
sparsam 55
das Sparschwein 55
der Sparstrumpf 55
zu spät kommen 23
der Spaten 83

spazieren gehen 91
der Specht 91
der Speer 67, 111
die Speiche 36
der Speichel 39
der Speicher 15, 63
speichern 63
der Speicherplatz 63
die Spende 131
das Spendenkonto 55
der Sperling 83
das Sperma 47
der Spiegel 135
das Spiel 31
die Spielecke 23
spielen 19, 23, 31, 35, 83
das Spielfeld 35
der Spielplatz 31, 75
die Spielstraße 139
der Spielverderber 31
die Spinne 16, 83
die Sporen (Mz.) 71
Sport treiben 31
die Sportart 35
der Sportler 35
die Sportlerin 35
sportlich 35
der Sportplatz 23, 35, 75
der Sportverein 31, 35
die Sprache 59
sprechen 59
sprengen 115
der Sprengstoff 115
sprießen 83

der Springbock 111
der Springbrunnen 119
springen 35
die Springflut 99
die Sprinkleranlage 115
spritzen 99
sprudeln 119
das Sprungtuch 115
spülen 119
die Spülmaschine 119, 135

der Spielverderber

die Spurweite 143
das Stadion 35
städtisch 75
die Stadtmauer 75
die Stadtverwaltung 75
die Stadtwerke 75
der Stall 19, 87
der Stängel 83
der Stapellauf 151
der Start 35, 147
die Startbahn 147
starten 35, 147
der Startschuss 35
der Stau 75, 139
der Staub 111
der Staubsauger 135
der Stausee 103, 119
der Steckling 83

181

Wörterliste

der Stehplatz 143
steigen 147
steil 103
die Steilwand 103
der Steinadler 103
der Steinbock 103
der Steinmetz 71

der Streik

die Steinmetzin
der Steinpilz 91
die Steinschleuder 71
die Steinzeit 67
das Stellwerk 143
der Steppenbrand 111
sterben 11
sterilisieren 19
der Stern 79
die Sternschnuppe 79
die Steuer 27, 75
die Steuerfrau
der Steuerknüppel 147
der Steuermann 151
steuern 151
stickig 123
der Stickstoff 123
die Stiefmutter 11
der Stiefvater 11
der Stift 23
die Stillarbeit 23

stillen 47
die Stirn 39
das Stockwerk 15
stolz 71
das Stoppelfeld 87
stoppen 35, 139
das Stoppschild 139
die Stoppuhr 35
der Storch 95
die Strafarbeit 23
der Strafzettel 75
der Strand 99
stranden 151
die Straße 75, 139
die Straßenbahn 75, 143
die Straßenbeleuchtung 75
der Strauch 83
der Strauß 111
Streetball spielen ★ 31
streicheln 19, 47
das Streichholz 115
der Streik 27
der Streit 11
streiten 11, 23
streng 23
die Streu 19
das Stroh 87
der Strohballen 87
der Strom 95, 115, 119, 135
der Stromabnehmer 143
strömen 119
die Strömung 99
der Strudel 99

der Stuhl 15
der Stundenlohn 27
der Stundenplan 23
der Sturm 99, 123, 127, 151
stürmen 99, 123, 127
die Sturmflut 99
stürmisch 99, 127
die Sturmleiter 68
der Sturmschaden 131
die Sturmwarnung 99
stürzen 35
der Sturzflug 147
stutzen 83
suchen 63
die Suchmaschine 63
der Suchtrupp 131
Südamerika 79
der Süden 79
die Südhalbkugel 76
der Südpol 79, 107
summen 91, 95
der Sumpf 95, 119
die Sumpfdotterblume 95
sumpfig 95
die Sumpfzone 95
der Supermarkt ★ 51
die Suppe 43
surfen ★ 35, 63, 99
das Sushi 40
süß 43
die Süßigkeit 43
das Süßwasser 95, 119
das Symbol 63

Wörterliste

die Tafel 23, 71
tafeln 71
der Tag 79
der Taifun 123
das Tal 79, 103
der Tampon 47
der Tang 99
tanken 139
der Tanker 99, 151
die Tankstelle 75, 139
der Tankwart 27
die Tankwartin
die Tanne 91
die Tante 11
tanzen 31, 35, 71
tapfer 71
die Tapferkeit 71
die Tarantel 111
der Tarif 59
das Taschengeld 55
die Taschen-
lampe 115
die Tasse 43
die Tastatur 63
der Tau 127
tauchen
31, 35, 95, 99
die Taucher-
glocke 135
tauen 107, 127
das Tauwerk 151

das Tauwetter 107, 127
das Taxi 75, 139
die Technik 134
der Techniker 27
die Technikerin
technisch 135
der Tee 43
der Teer 99
der Teich 83, 95, 119
die Teichmuschel 95
die Teichrose 95
teilen 11
das Telefon 59, 135
das Telefonbuch 59
der Telefonhörer 59
telefonieren 31, 59
die Telefonkarte 59
die Telefonleitung 59
das Telefonnetz 59
die Telefon-
nummer 59
die Telefon-
rechnung 59
die Telefonzelle
59, 75
das Telegramm 59
das Teleskop 135
der Teller 43
der Tempel 67
die Temperatur 127
das Tennis 35
das Terminal 147
die Termite 111
der Termiten-
hügel 111
die Terrasse 15

die
Tarantel

der Test ★ 23
das Testament 11
teuer 51
die Text-
verarbeitung 63
das Theater 75
das Thermometer
127, 135
tief 95, 103
der Tiefdruck 123
der Tiefflug 147
der Tiefschnee 103
die Tiefsee 99
das Tier 79
der Tierarzt 19, 87
die Tierärztin
das Tierheim 19
die Tierquälerei 19
tippen 63
der Tisch 15
das Tischtennis 35
toben 31
die Tochter 11
der Tod 11
die Toilette 15, 119
die Tollwut 19
die Tomate 43, 83
der Topf 43
tosen 99
der Tourist ★ 75
die Touristin ★ 75
der Tower ★ 63
die Tragfläche 147
der Trainer ★ 35
die Trainerin ★ 35
trainieren ★ 35
der Traktor 87
der Trampelpfad 139

183

Wörterliste

die Tränke 87
der Transport 139
das Transport-
flugzeug 147
die Trauer 11
der Traumberuf 27
der Treffpunkt 143
das Treibeis 107
treiben 151
der Treiber 63
der Treibhaus-
effekt 131
die Treibjagd 71
der Treibstoff 147
sich trennen 11
das Treppenhaus 15
der Tresor 55
der Triebwagen 143
das Triebwerk 147
trinken 43
das Trinkwasser
111, 119
trittsicher 103
trocken 111, 127
die Trockenheit 111
der Trog 87
das Trommel-
zeichen 59
die Tropen (Mz.) 79
tröpfeln 119
der Tropfen 119
die Tropfstein-
höhle 119
trüb 95, 119, 127
trudeln 147
tüfteln 135
der Tüftler 135
die Tüftlerin 135

die Tugend 73
der Tümpel 97
die Tundra 79, 107
der Tunfisch 99
der Tunnel
103, 139, 143
die Tür 15
die Turbine
119, 135, 147
der Turm 71
turnen 23, 31
die Turnhalle 23, 35
das Turnier 71
die Tüte 51

die U-Bahn 75, 143
die Übelkeit 39
die Über-
bevölkerung 131
überfluten 119
überholen 139
überqueren 139
das Überschall-
flugzeug 147
überschreiben 63
über-
schwemmen 95
die Überschwem-
mung 119, 131

das Überschallflugzeug

die Überstunde 27
die Überwachungs-
kamera 51, 55
überweisen 55
das Überweisungs-
formular 55
überwintern 107
überziehen 55
das U-Boot 151
das Ufer 95
die Uferzone 95
die Uhr 135
der Uhu 91
das Ultraleicht-
flugzeug 147
der Ultraschall 47
umarmen 47
die Umgehungs-
straße 139
umgraben 83
die Umkleide-
kabine 51
umkreisen 79
die Umlaufbahn
79, 147
die Umleitung 139
sich umsehen 139
umsonst 51
umsteigen 143
umtauschen 51
der Umwelt-
beauftragte 131
die Umwelt-
beauftragte 131

Wörterliste

umwelt-
freundlich 131
die Umwelt-
konferenz 131
die Umwelt-
organisation 131
der Umwelt-
schaden 131
der Umwelt-
schützer 131
die Umwelt-
schützerin 131
der Umwelt-
skandal 131
umziehen 15
der Umzug 15
unerreichbar 59
der Unfall 139
ungerecht 23
ungesund 39, 43
die Universität 75
das Universum 79
das Unkraut 83
unpünktlich 143
untergehen 151
Unterhalt
zahlen 11
die Unterkunft 15
etwas unternehmen 31
der Unterricht 23
untersuchen 47
die Untersuchung 47
das Unwetter
103, 127, 131
das Update ★ 62
der Uranus 79
die Urgroßmutter 11
der Urgroßvater 11

der Urknall 79
die Urkunde 35
der Urlaub 27, 31
der Urwald 91

die Vagina 47
das Vakuum 123
der Vater 11, 47
vegetarisch 43
das Veilchen 91
der Ventilator 123
die Venus 79
sich verabreden 31
die Verbindung 63
verblühen 83
verbrennen
111, 115, 131
verdampfen 119
die Verdauung 39
verdorren 111
verdunsten 119
die Verdunstung 119
der Verein 35
vereist 127
vererben 11
das Verfallsdatum 51

das Verkehrschaos

vergiften 131
verheiratet 11
verhüten 47
die Verhütung 47
verkaufen 27, 51
der Verkäufer 51
die Verkäuferin 27, 51
der Verkehr 75, 139
das Verkehrschaos 139
der Verkehrsfunk 139
die Verkehrsinsel 139
die Verkehrspolizei 139
die Verkehrsregel 139
verkehrssicher 139
das Verkehrs-
zeichen 139
verkleiden 31
verknallt 47
verladen 143
(sich) verletzen 39, 131
die Verletzung 35, 39
verlieben 47
verliebt 47
verlieren 35
das Verlies 71
verlobt 11
die Verlobung 11
vermieten 15
vermodern 91
das Vermögen 55
vernetzen 63
verpacken 51
die Verpackung 51
verpassen 143
verreisen 31, 143
der Vers 71
der Versandhandel 51
verschmutzt 99

U
V

185

Wörterliste

die Verschmutzung 131
verschneit 107
verschüttet 103
verschwenderisch 55
verseucht 119
versickern 111, 119
sich versöhnen 11
versorgen 19
das Versorgungsflugzeug 107
die Verspätung 143
verspielt 19
Verstecken spielen 31
der Vertrag 27
sich vertragen 11
sich vertrauen 11
verunreinigt 95, 119
verwaist 11
verwalten 27
verwandt 11
die Verwandtschaft 11
verwelken 83
verwildern 83
verwüsten 131
das Vieh 87
das Viehfutter 87
die Viehzucht 67
die Villa 15
der Virenscanner ★ 63
der Virus 63
das Visier 71

der Vogel 83
das Vogelgezwitscher 91
das Vogelhäuschen 83
das Völkerballspiel 35
das Volleyballspiel ★ 35
der Vollmond 79
der Vorfahre 11, 67
die Vorfahrt 139
vorsichtig 139
die Vorwahl 59
der Vulkan 79, 115
der Vulkanausbruch 131

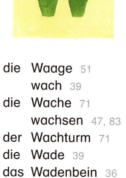

die Waage 51
wach 39
die Wache 71
wachsen 47, 83
der Wachturm 71
die Wade 39
das Wadenbein 36
das Wadi 111
die Waffe 67
der Waggon 143
wählen 59

die Währung 55
der Waise 11
die Waise 11
der Wal 99, 107
der Wald 79, 91
die Waldameise 91
der Waldarbeiter 91
die Waldarbeiterin 91
die Waldbeere 91
der Waldbrand 91, 115, 131
der Waldkauz 91
der Waldlehrpfad 88
das Waldsterben 91, 131
der Waldweg 91
das Walross 107
die Wanderkarte 103
wandern 31, 103
die Wanderung 31
der Wanderweg 103
die Wange 39
das Wappen 71
die Ware 51
das Warentransportband 51
warm 115, 127
die Wärme 115, 127
die Warmluft 123
die Wartung 143, 147
sich waschen 39, 119
der Waschkeller 15
die Waschmaschine 119, 135
das Wasser 79, 95, 99
das Wasserballspiel 35
wasserdicht 119

Wörterliste

wasserscheu

der	Wasserdruck 99, 119
der	Wasserfall 103, 119
der	Wasserfloh 95
das	Wasserflugzeug 147
der	Wasserhahn 119
die	Wasserkraft 119
das	Wasserkraftwerk 103
der	Wasserkreislauf 79, 119
der	Wasserlauf 95
der	Wasserläufer 95
die	Wasserleitung 119, 135
die	Wasserlinsen (Mz.) 95
das	Wasserloch 111
	wasserlöslich 119
der	Wassermangel 111
die	Wasserpest 95
die	Wasserpflanze 95, 99
die	Wasserprobe 131
die	Wasserqualität 95, 131
das	Wasserrad 119, 135
die	Wasserreinigung 119
	wasserscheu 119
das	Wasserschutzgebiet 119
der	Wasserspiegel 119
der	Wassersport 119
die	Wasserstelle 111
die	Wasserstraße 119
der	Wassertropfen 119
der	Wasserturm 119
die	Wasseruhr 119
der	Wasserverbrauch 119
die	Wasserversorgung 119
der	Wasservorrat 119
das	Wasserwerk 119
	wässrig 119
das	Watt 99
der	Wattwurm 99
das	WC 119
die	Webseite ★ 63
das	Wechselgeld 51
	wechselhaft 127
	wechseln 51, 55
	wedeln 19
der	Wegezoll 71
	weh tun 39
	wehen 127
die	Wehen (Mz.) 47
der	Wehrturm 71
das	Weibchen 19
	weiblich 47
die	Weiche 143
die	Weide 87, 95
der	Weiher 95
	weinen 39
	weiß
	weit 107
die	Weite 107
der	Weitsprung 35
der	Weizen 87
	welk 111
die	Welle 99, 151
der	Wellenkamm 96

der Wattwurm

der	Wellensittich 19
das	Wellental 96
der	Welpe 19
das	Weltall 79, 147
der	Weltraumfahrer 147
die	Weltraumfahrerin 147
das	Weltraumteleskop 76
der	Weltrekord 35
die	Weltumsegelung 151
die	Werbung 51
	werfen 35
die	Werft 151
die	Werkstatt 27
das	Werkzeug 27, 67
das	Wertpapier 55
der	Westen 79
das	Wetter 79, 127, 147
der	Wetterballon 127
der	Wetterbericht 127
der	Wetterdienst 127

187

Wörterliste

der Wetterfrosch 127
der Wetterhahn 127
die Wetterkarte 127
das Wetterleuchten 127
der Wettersatellit 127
die Wetterstation 103, 107, 127
der Wettersturz 103
die Wettervorhersage 127
der Wettkampf 35
wickeln 47
der Wickeltisch 47
die Wiege 47
wiegen 47, 51
wiehern 87
die Wikinger 67
wild 111
der Wildbestand 91
der Wilderer 111
das Wildschwein 91
der Wind 79, 99, 123, 127, 151
die Windel 47
windeln 47
die Windgeschwindigkeit 123, 127
die Windhose 123
windig 99, 127
die Windkraft 123
die Windmühle 123, 135
die Windpocken 39
das Windrad 123
die Windrichtung 127
der Windsack 123, 127
die Windstärke 127

der Windstärkemesser 123
windstill 123, 127
die Windstille 123
der Windstoß 127
das Windsurfen ★ 123
winken 59
winseln 19
der Winterschlaf 91
der Wintersport 103
der Wintervorrat 91
winzig 47
wirbeln 123
die Wirbelsäule 39
der Wirbelsturm 123
der Wissenschaftler 135
die Wissenschaftlerin 135
die Witwe 11
der Witwer 11
das Wochenende 31
die Wohnanlage 15
der Wohncontainer ★ 15
wohnen 15
das Wohngebiet 15
die Wohngemeinschaft 15
das Wohnheim 15
wohnlich 15
das Wohnmobil 15
der Wohnort 15

wohnsitzlos 15
der Wohnsitzlose 75
die Wohnung 15
der Wohnungsbrand 115
die Wohnungssuche 15
der Wohnwagen 15
das Wohnzimmer 15
der Wok 40
der Wolf 67, 107
die Wolke 127
die Wolken 79
der Wolkenbruch 111, 127
der Wolkenkratzer 15
wolkenlos 127
wolkig 127
das World Wide Web ★ 59, 63
das Wrack 151
wuchern 83, 95
der Wühltisch 51
die Wunde 39
würfeln 31
die Wurst 43
die Wurzel 83, 91
würzen 43
die Wüste 79, 111
der Wüstenfuchs 111
die Wüstenspringmaus 111
die Wüstenstadt 111
der Wüstenstamm 111

der Wühltisch

Wörterliste

zahlen 55
zahm 19
der Zahn 39
der Zahnarzt 39
die Zahnärztin 39
Zähne putzen 39
das Zahnrad 135
die Zahnradbahn 143
der Zapfen 91
zärtlich 47
der Zaun 83
der Zaunkönig 83
die Zaunwinde 80
das Zebra 111

der Zebrastreifen 75, 139
die Zecke 91
der Zeh 39
die Zeitersparnis 135
die Zeitzone 79
das Zelt 15, 67, 111
zelten 15, 31
das Zeltlager 31
der Zentimeter 51
die Zentralheizung 115, 135
das Zentrum 75
zerklüftet 103
zerstören 131
zeugen 47
das Zeugnis 23
die Zeugung 47
die Ziege 87
der Ziehbrunnen 71
das Ziel 35
das Zimmer 15
der Zimmermann 27, 71
die Zinne 68
die Zinsen 55
die Zitrone 43
zittern 39
die Zitze 19
der Zobel 107
der Zoll 147
der Zoo 31
die Zoohandlung 19
der zoologische Garten 83

die Zucchini 43, 83
die Zucht 19
züchten 19
der Zucker 43
die Zuckerrübe 87
zufrieren 107
der Zug 143
der Zugbegleiter 143
die Zugbegleiterin 143
die Zugbrücke 68
der Zugführer 143
die Zugführerin 143
das Zugunglück 143
das Zuhause 11
zuhören 23, 57
zündeln 115
der Zunder 115
die Zündschnur 115
die Zunft 71
die Zunge 39
zurückrufen 59
zusammenstoßen 139
der Zuschauer 35
die Zuschauerin
zutraulich 19
der Zweig 91
das Zwergkaninchen 19
die Zwiebel 43
die Zwillinge (Mz.) 47
der Zwinger 19, 71
die Zwischenlandung 147

Viele Wörter, die wir täglich verwenden, kommen eigentlich aus dem Englischen.

Findest du all diese Wörter und Wortbestandteile in der Liste? ★

X
Y
Z

Antworten zu Fragen auf den bunten Seiten

20 Wer bestimmt eigentlich, was gelernt wird? Damit alle Schüler in einem Bundesland dasselbe lernen, gibt es so genannte Lehr- bzw. Bildungspläne, die von den Kultusministerium des Landes zusammengestellt werden. Die Lehrer müssen sich an diese Vorgaben halten.

20 Wie gehts weiter? ꟻ1 S2 Ɛ3 ߈4. Es geht in Einerschritten aufwärts. Jede Zahl wird zweimal aufgeführt: einmal „normal" und einmal, direkt nebendran, in Spiegelschrift.

28 Warum haben Kinder früher viel öfter draußen gespielt? Es gibt sicher mehrere Gründe dafür, warum Kinder früher öfter im Freien gespielt haben. Zum einen waren die Wohnungen und Häuser meist viel kleiner und es gab für Kinder kaum Platz zum Spielen. Zum anderen war das Angebot an Spielzeug nicht so groß wie heute. Die Kinder mussten ihr Spielzeug in der Natur selbst finden und erfinden. Außerdem gab es nur wenig Verkehr auf den Straßen. Deshalb war das Spielen draußen auch nicht so gefährlich wie heute.

40 Schon mal drüber nachgedacht, warum Schnellesser langsamer satt werden? Unser Körper meldet dem Gehirn erst einige Zeit, nachdem wir gegessen haben, dass er satt ist. Schnellesser essen so schnell und gierig, dass sie dieses Signal nicht wahrnehmen. Erst wenn sie Bauchweh bekommen, spüren sie, dass sie zu viel gegessen haben.

40 Schon mal drüber nachgedacht, warum man bei Süßigkeiten auch mal nein sagen sollte? Süßigkeiten bestehen fast ausschließlich aus Zucker. Zucker aber liefert dem Körper keine Vitamine, Mineralstoffe oder Spurenelemente. Übermäßiger Verzehr kann zu Übergewicht führen und die Entstehung von Karies begünstigen. Deshalb ist es besser, statt Schokolade einen Apfel zu essen. Der schmeckt auch süß und ist gesund.

40 Schon mal drüber nachgedacht, warum Mehl dunkel oder hell sein kann? Die Farbe hängt von der Menge der Getreideschalen im Mehl ab. Ist der Anteil der Schalen gering, sieht das Mehl sehr hell aus. Das ist aber nicht unbedingt gut, denn die gesunden Mineralstoffe stecken hauptsächlich in der Schale.

56 Können die Telefonnummern irgendwann ausgehen? Nein, die Telefonnummern können nicht ausgehen. Es gibt nämlich unendlich viele Zahlenkombinationen. Reichen die meist 6-stelligen Rufnummern nicht mehr aus, wird einfach eine weitere Ziffer angehängt.

56 Entziffere die SMS-Botschaft! Die Botschaft auf dem Handy lautet: „Ich liebe dich".

64 Wer erfand die Fußbodenheizung? Fußbodenheizungen waren bereits in der römischen Antike verbreitet. Schon damals hatten einige Häuser einen doppelten Boden. Durch den Hohlraum zwischen den Böden strömte Luft, die zuvor erhitzt worden war.

72 Schon mal drüber nachgedacht, was in diesen Ämtern gemacht wird? Da die Ämter nicht überall gleich aufgebaut sind, erkundigst du dich am besten direkt bei deiner Gemeinde!

80 Findest du das Tier, das den Gartenbewohnern gefährlich werden kann? Die Katze.

Antworten zu Fragen auf den bunten Seiten

84 Findest du die Spur dieser Lebensmittel zurück auf den Bauernhof? Spagetti: Getreide, Eier. Pizza: Getreide, Eier, Tomaten, Milch, Fleisch vom Rind oder Schwein. Pommes: Kartoffeln. Salami: Rind oder Schwein. Apfelsaft: Äpfel. Sonnenblumenöl: Sonnenblumenkerne.

84 Warum stammen die meisten Eier im Supermarkt aus Käfighaltung? Supermärkte versuchen ihre Waren so günstig wie möglich einzukaufen. Dies schaffen sie, indem sie einem Bauern möglichst viele Eier abnehmen. Ein Bauer kann aber nur eine Vielzahl an Eiern anbieten, wenn er auch viele Hühner besitzt. Um Platz zu sparen, werden Hühner deshalb oft, nicht gerade artgerecht, in Käfigen gehalten.

84 Schon mal drüber nachgedacht, warum es in den meisten Sprachen ein Wort für Mehl gibt? Fast alle Menschen essen ein für ihre Kultur typisches Brot, das aus Mehl gemacht wird. In Frankreich isst man z.B. gern Baguette und in der Türkei Fladenbrot.

92 Warum kann der Wasserläufer auf dem Wasser laufen? Die Wasseroberfläche verhält sich wie eine elastische Haut. Da der Wasserläufer sehr leicht ist und sein Gewicht auf seine langen Beine gut verteilt, kann er auf dem Wasser laufen.

96 Warum wird genau geregelt, wie viel gefischt werden darf? Gesetze und internationale Abkommen regulieren die Fischerei, um eine Überfischung der Gewässer zu vermeiden.

108 Die Bewohner der Wüstenregionen trinken meist heißen Tee. Warum? Die Wüstenbewohner trinken nicht, wie erwartet, kaltes Wasser, sondern heißen Tee, da man bei Hitze stärker schwitzt, wenn man kalte Getränke zu sich nimmt.

124 Wer macht eigentlich das Wetter? Luft (Wind), Sonne (Temperatur) und Wasser (Niederschlag) bestimmen das Wetter.

128 Erkundige dich, was in der Agenda 21 steht. „Was zu tun ist", heißt „agenda" wörtlich, „21" steht für das 21. Jahrhundert. Regierungsvertreter aus vielen Ländern haben gemeinsam Vorschläge erarbeitet, wie man unseren Planeten retten, die Erde grün und bewohnbar erhalten und mehr Gerechtigkeit zwischen den Menschen schaffen kann. Die Agenda 21 betont ausdrücklich, dass Kinder beteiligt werden sollen, wenn es um wichtige Entscheidungen für ihre Zukunft geht.

136 Sind das Fußgänger? Ja, alle diese Personen sind Fußgänger. Generell sollten alle, die einen Gehweg benutzen, sich so bewegen, dass niemand gefährdet wird.

136 In welchem Land gibt es die meisten Fahrradfahrer? In China. Dort gibt es ca. 1,25 Milliarden Einwohner. Die Straßen sind so voll, dass man mit dem Fahrrad am schnellsten voran kommt. Außerdem können sich viele Chinesen kein anderes Fahrzeug leisten.

140 Schon mal drüber nachgedacht, wie eine Dampflokomotive funktioniert? Der Heizer erhitzt mit einem Kohlefeuer das Wasser im Wasserkessel. Dabei entsteht Wasserdampf. Dieser drückt einen Kolben im Zylinder abwechselnd nach vorne und hinten. Mit Hilfe des Gestänges wird die hin- und hergehende Bewegung in eine drehende umgewandelt. Die Räder drehen sich.

Das Grundschulwörterbuch

Alle Wörter für die Grundschule von A bis Z

Richtig schreiben will gelernt sein. Dabei hilft das Grundschulwörterbuch. Es enthält die 11 500 Begriffe, die zum Grundwortschatz der Kinder in der Grundschule gehören. Viele bunte Suchhilfen erleichtern das rasche Finden der Wörter. Schwierige Wörter, die häufig falsch geschrieben werden, sind im zweiten Teil des Buches zusammengefasst und können intensiv geübt werden.

Mit Trennstrichen und vielen witzigen Illustrationen.

Ab der 2. Klasse.
224 Seiten.
Kartoniert.
ISBN 3-411-06062-X